Maria Wiesmüller
Lutz Maurer

Kaiser Franz Josephs liebste Mehlspeisen

KOMPASS

Inhaltsverzeichnis

Strudel

Bäckerei

Süßes vom Herd

Kuchen und Torten

Mehlspeisen-Rezepte

Des Kaisers liebste Mehlspeisen

Seine Liebe zu Mehlspeisen waren Legende – Kaiser Franz Joseph war Zeit seines Lebens bei aller Selbstdisziplin ein großer Verehrer der süßen Kost. Auch Kaiserin Elisabeth, seine Gemahlin, teilte meist diese Neigung. Die kaiserliche Hofküche, die ja viele Erfahrungen mit den kulinarischen Gewohnheiten bei den europäischen Höfen aufweisen konnte, erfuhr durch die Einflüsse des Vielvölkerstaates der k.u.k. Monarchie eine Bereicherung, die ihresgleichen sucht und die bis in die heutige Zeit wirkt. Nicht umsonst wird die österreichische Mehlspeisenküche durch ihre Vielfalt und Qualität weltweit als die beste gerühmt.

Mehlspeisen bestimmten den Tagesplan der kaiserlichen Küche. Aus zuverlässigen Quellen ist sogar bekannt, dass am Wiener Hof so genannte „Separatküchen“ existierten, von denen die eine für „Ihre“, die andere für „Seine“ Majestät kochten. Bereits früh am Morgen zwischen 5 und 6 Uhr wurde Kaffee, Butter, Eier, Kipferl und Guglhupf, von dem in diesem Buch noch hinreichend die Rede sein wird, serviert. Feine Torten, gern zusammen mit Tokaier Wein, und andere raffinierte Creationen wurden nach dem Mittag- oder Abendessen als Dessert gereicht. Nachmittags gab es zum „Thee“ kleines Gebäck sowie „Petit

In der Hofburg

Fours", die sehr beliebt waren. Auch die französische Küche mit lockeren Soufflés oder viel „Chokolade" beeinflusste Vielfalt und Geschmack. Gehaltvollere Mehlspeisen wie Strudel, Nocken oder Karlsbader Golatschen gab es immer dann, wenn bedingt durch den christlichen Jahreslauf, den der streng gläubige Kaiser stets beachtete, kein Fleisch serviert wurde.

Auch in der „Sommerfrische", die er stets in Ischl verbrachte, verzichtete der Kaiser nicht auf seine „süßen Gewohnheiten". Als Hoflieferant wurde die ortsansässige Konditorei „Zauner" weit über die Grenzen der Region hinaus bekannt. Selbst auf der Jagd, eine seiner besonderen Leidenschaften, wollte Franz Joseph nicht auf die geliebten Mehlspeisen verzichten. Überlieferungen nach wies er dabei sein Gefolge an, im Freien etwas „Passendes", wie Kaiserschmarrn oder Apfelnocken zuzubereiten. Danach mussten dann oft frische Palatschinken aufgetischt werden.

Wie vielfältig die Mehlspeisenküche war und ist, werden Sie beim Durchblättern dieses Buches schnell entdecken. Im ersten Teil finden Sie Vorschläge für saftige Strudel, gefolgt von Rezepten für „kleine Bäckereien", daran anschließend solche für Süßes aus dem Topf oder der Pfanne. Das letzte Kapitel ist den Kuchen und Torten gewidmet. Im Mittelpunkt stehen die verschiedenen Lieblingsspeisen des Kaisers und in kleinen Geschichten erfahren Sie darüber hinaus Interessantes aus seinem Leben. Alle Rezepte sind unkompliziert aufgebaut, leicht nachzuarbeiten und mit vielen Tipps versehen. So wird es Ihnen sicher gelingen, die „süßen Vorschläge" mit Freude auszuprobieren und dabei eine ganz besondere Seite aus der Zeit Kaiser Franz Josephs zu entdecken.

Ihre
Maria Wiesmüller

Kaiser Franz Joseph – das Leben des Monarchen

Wien 1830. Am 18. August vernahmen die Wiener die Kunde von einem freudigen Ereignis.

Sophie, Gemahlin von Erzherzog Franz Karl, hatte einem Sohn das Leben geschenkt. Damit war auch die habsburgische Thronfolge gesichert, denn die Ehe von Kaiser Ferdinand I., dem Onkel des Neugeborenen, war ohne Erben geblieben. „Salzprinz" nannte der Volksmund bald den Neugeborenen. Sophie hatte sich nämlich auf Anraten ihres Leibarztes nach sechs kinderlosen Ehejahren in Bad Ischl einer Solekur unterzogen. Sohn Franz sollte nicht der einzige „Salzprinz" bleiben. 1832 folgte ihm Ferdinand Maximilian, 1833 Karl Ludwig.

Die Wittelsbacher Prinzessin war eine starke Persönlichkeit, galt in Wien als „der einzige Mann" am Hofe des kranken und nicht übermäßig intelligenten Kaisers. Gleiches sagte man auch ihrem Mann nach, der in der Thronfolge an erster Stelle stand. Sophie war eine fürsorgliche

Wien

Mutter, überwachte konsequent die Erziehung ihrer Söhne, vor allem die des Erstgeborenen. Ihr war klar, dass Franz nicht nur zu Höherem, sondern zu Höchstem berufen war.

Wien 1848. Das Jahr der Revolution. Im allgemeinen Chaos verließ der Kaiserhof zweimal fluchtartig die Haupt- und Residenzstadt der Monarchie; der Wiener Bürgermeister floh ebenso wie der verhasste Polizeiminister. Der Kriegsminister wurde gelyncht, seine Leiche an einer Laterne aufgehängt. Zu guter Letzt dankte auch Staatskanzler Metternich ab. Der Gegenschlag der Kaisertreuen blieb nicht aus. Ihre Truppen eroberten Wien, die Führer der Revolution wurden hingerichtet, mit einem Federstrich alle Errungenschaften der Revolution wie Presse- und Vereinsfreiheit beseitigt. Am 2. Dezember verzichtete zunächst Kaiser Ferdinand auf die Krone, dann sein Bruder Franz Karl auf die Thronfolge zugunsten seines Sohnes Franz. Der bestieg, erst 18 Jahre alt, als Kaiser Franz Joseph I. den Thron. Den zweiten Vornamen hatte er in Verehrung für einen seiner Vorfahren, den reformfreudigen Kaiser Joseph II. angenommen.

Schönbrunn

Blut und Gewalt, sie haben das lange Leben Franz Josephs überschattet. Die wenigen glücklichen Jahre, in denen er in Ischl seine Cousine Elisabeth kennen gelernt, sich auf den ersten Blick in sie verliebt und später mit „Sisi“ eine vom Volk umjubelte Traumhochzeit gefeiert hatte, sie waren eine Ausnahme gewesen. In immer kürzeren Abständen sollten politische Niederlagen, militärische Debakel und familiäre Katastrophen über den Kaiser hereinbrechen.

1853 entging Franz Joseph in Wien nur knapp einem Messerattentat. 1858 erlitt Österreich bei Solferino und Magenta in Oberitalien zwei vernichtende Niederlagen gegen das mit Frankreich vereinte Piemont-Sardinien.

1866 die Katastrophe von Königgrätz. Ihre außenpolitischen Folgen waren das Ausscheiden aus dem Deutschen Bund und – trotz der Siege zuvor bei Custozza und Lissa – der Verlust Venetiens. Innenpolitisch wurden die Habsburger zu großen Zugeständnissen gezwungen: Die Dezemberverfassung 1867 verwandelte Österreich in eine konstitutionelle Monarchie, der Ausgleich mit Ungarn das Kaiserreich in die Doppelmonarchie Österreich-Ungarn.

1867 verlor Franz Josephs Bruder Maximilian seinen Kampf um die Krone Mexikos und wurde standrechtlich erschossen. 1889 jagte sich in Mayerling der 31-jährige Rudolf, Franz Josephs ungeliebter einziger Sohn, eine Kugel in den Kopf. Zuvor hatte er Mary Vetsera, eine seiner zahlreichen Liebschaften erschossen.

Der Kronprinz war ein begabter, aber im verzweifelten Ringen um die väterliche Anerkennung erfolgloser, zerrissener Mann. „Ich bin zum Nichtstun verdammt“ bekannte er verbittert.

Franz Josef und Sissi / Gemälde

1897 kam Franz Josephs Schwägerin Sophie, „Sisis" Lieblingsschwester, bei einem Brand eines Wohltätigkeitsbasars in Paris ums Leben. Nur ein Jahr später traf den 68-jährigen Monarchen der härteste Schicksalsschlag. In Genf erstach 1898 der italienische Anarchist Luigi Lucheni die incognito als Gräfin von Hohenems reisende Kaiserin Elisabeth. Es war nach einem von Enttäuschungen und Selbstzweifeln geprägtem Leben der Tod einer lebensmüden Frau, die sich selbst überlebt und ihr Ende herbeigesehnt hatte.

1914 dann der Todesstoß für die Monarchie. In Sarajewo erschoss am 26. Juni der serbische Gymnasiast Gavrilo Princip Thronfolger Franz Ferdinand und dessen Gattin Sophie. Ein Monat später unterzeichnete Franz Joseph nach langem Zögern in Bad Ischl die Kriegserklärung an Serbien. Damit sollten „in Europa die Lichter ausgehen"; es begann der erste Weltenbrand des 20. Jahrhunderts. Der Kaiser erlebte den Untergang seines Reiches, das Ende der österreichisch-ungarischen Monarchie nicht mehr. Das wenigstens blieb ihm erspart. Kaiser Franz Joseph, Herrscher über 52 Millionen Untertanen, starb am 21.

November 1916 im 86. Lebensjahr und dem 68. seiner Regentschaft in Schloss Schönbrunn.

Franz Joseph war sicher der letzte, nach absolutistischen Verständnis regierende Monarch. Als apostolische Majestät war er vom Gottesgnadentum überzeugt. Das Denken in überkommenen Traditionen, das Festhalten an verkrusteten Strukturen bestimmten sein Leben.

Hinter dem überhöhten Sendungsbewusstsein aber verbarg sich ein einsamer Mensch, dem die vielen Schicksalsschläge das Mitgefühl seiner Untertanen sicherten. Zudem bewunderten sie seine persönlich genügsame Lebensführung, sein ausgeprägtes Pflichtgefühl. Der Arbeitstag des Kaisers begann noch vor Sonnenaufgang und endete spät in der Nacht. Das trug Franz Joseph auch den Ehrennamen „Erster Hofrat des Reiches“ ein.

Auf jeden Fall aber war Franz Joseph das Bindeglied für den Vielvölkerstaat der Monarchie gewesen, lange Jahrzehnte auch Garant für den Bestand eines Staates, dessen unaufhaltsamen Untergang er nicht sehen wollte, nicht akzeptieren konnte.

Lutz Maurer

Portal der Hofburg

Das „süße Leben“ des Franz Joseph

„Man frisst sich viel mehr zu Tode, als man sich zu Tode sauft! Alkohol ist ein sichtbares, erkennbares, spürbares Gift, aber die Wiener Mehlspeisen sind ein unkenntliches, heimtückisches Gift unter verräterisch appetitlichen Namen: Tatschkerln, Fleckerln, Wuchteln, Erdäpfelnudel, Rahmstrudel, Dalken, Palatschinken und Omlette!“ Nicht dass der Monarch dem von Peter Altenberger identifizierten Gift bedingungslos verfallen gewesen wäre. Er genoss es, wenn auch in Maßen. Meist als Nachspeise.

Am Hof zu Wien arbeiteten noch zu Lebzeiten Franz Josephs an die dreitausend Menschen. Für das leibliche Wohl sorgten mehrerer Leibköche, ein Hofkellermeister und der Hofzuckerbäcker. Die kaiserliche Familie schätze ihn sehr. Denn Franz Joseph war, wie auch seine Brüder, ein Liebhaber von Kaiserschmarrn, Brandteigkrapfen und Profiteroles. Kirschkuchen zählte seit frühester Kindheit überhaupt zu seinen Leibspeisen. Ebenso wie eine goldbraun gebackene und appetitlich überzuckerte heimische Köstlichkeit. „Der Gugelhupf ist die Ikone der Wiener Mehlspeisküche schlechthin“ urteilte Christoph Wagner, der große, viel zu früh aus dem Gourmetleben gerissene Feinschmecker und exzellente Kenner der heimischen Küche. Aber ist der Gugelhupf überhaupt eine österreichische Spezialität? Schließlich delektieren sich auch die Deutschen an ihrem Kugelhopf, die Franzosen am Gougelhof und die Bewohner Friauls am Cugulhuf.

Wie auch immer, der Gugelhupf zählte zu des Kaiser bevorzugten Mehlspeisen. Was nicht nur auf seine Liebe zu Süßem, sondern wohl auch auf zwischenmenschlichen Beziehungen beruht haben dürfte. Nicht dass Franz Josephs geliebte „Sisi“ ab und zu Mehlspeisen nicht goutiert hätte. Aber ihre Kochkünste lagen im Argen. Darauf hingegen verstand sich die zweite wichtige Frau im Leben des Kaisers bestens: die Schauspielerin Katharina Schratt, durch drei Jahrzehnte Vertraute und seelische Stütze Franz Josephs. Nicht nur Liebe, sondern auch Seelenfreundschaft geht schließlich durch den Magen.

Das Theater hatte von frühester Jugend an die Bürgerstochter aus Baden bei Wien fasziniert. Im Dezember 1873 sah das Kaiserpaar im Wiener Stadttheater zum ersten Mal die zwanzigjährige Schratt als vielumjubeltes Käthchen in „Der Widerspenstigen Zähmung".

1883 wurde sie nach Engagements in Berlin, St. Petersburg und New York und der Trennung von ihrem Mann, einem ungarischen Aristokraten, an das k.k. Hofburgtheater verpflichtet. Dort fiel sie durch ihre Natürlichkeit dem Kaiserpaar neuerlich auf.

1885 wurde die Schratt bei einem der glanzvollsten Feste des Wiener Faschings, dem Industriellenball, dem Kaiser zum ersten Mal vorgestellt. Dies war der Beginn einer über dreißig Jahre dauernden engen und innigen Beziehung zwischen dem bereits 55-jährigen, von seiner unerwiderten Liebe zu Sisi zutiefst getroffenen Kaiser und der fröhlichen, lebenslustigen, aber zugleich auch verschwiegenen und verständnisvollen Frau aus dem Volk. Eine Beziehung, die auch von Kaiserin Elisabeth aus vielen Gründen nach Kräften gefördert wurde.

Katharina Schratt

Die Schratt verstand es, ein großes Haus zu führen. Diplomaten, Adelige, Industrielle und Künstler genossen die stilvolle, aber ungezwungene Atmosphäre des Hauses, vor allem aber seine Küche. Die Hausherrin stand oft selbst am Herd. Wohl zu Recht bezeichnete sie der Schriftsteller Hermann Bahr als „Melusine mit dem Kochlöffel". Berühmt waren auch die „Kuchlsoireen", in denen ein kleiner, ausgewählter Gästekreis mit der Hausfrau in der Küche bei Würsteln und Bier schlichten bürgerlichen Genüssen frönte. Treuester Gast der Schratt aber war bis zu seinem Tode der Kaiser gewesen.

Das Haus der Schauspielerin lag in Hietzing, in unmittelbarer Nähe von Schloss Schönbrunn. Die Schratt hatte die Villa mit großem Garten zunächst gemietet, dann auf Raten gekauft und verbrachte in ihr die meiste Zeit des Jahres. Nur für wenige Wintermonate wurde eine Stadtwohnung am Kärntnerring in der Nähe der Oper bezogen.

Kaiser Franz Joseph war ein Frühaufsteher, erledigte bereits vor sechs Uhr einen beträchtlichen Teil seines umfangreichen täglichen Arbeitspensums. Dann verließ er durch eine kleine Pforte in der Schlossmauer Schönbrunn und brauchte nur die Maxingstraße zu überqueren, um in der Gloriettegasse Nr. 9 von der Schratt bei Tee und Bäckereien, zumeist aber mit dem von ihr selbst gebackenen Gugelhupf empfangen zu werden. Nach einer „Regalia media", der Lieblingszigarre des Kaisers, beschloss meist ein gemeinsamer Spaziergang die Stunde, in der Franz Joseph auch Privatmann sein durfte.

Wie viele Künstler hatte die Schratt sich auch früh ein sommerliches Refugium im Salzkammergut gesucht, es in der „Villa Frauenstein" am Wolfgangsee gefunden. Nach einigen Jahren übersiedelte sie nach Bad Ischl, erstand ein nur wenige Gehminuten von der Kaiservilla entferntes Anwesen mit dem beziehungsvollen Namen „Felicitas". Heute ist das Haus als „Villa Schratt" ein renommiertes Restaurant.

Auch in Ischl zog die Gastfreundschaft der Künstlerin viele Prominente an: Musiker wie Johann Strauß und Johannes Brahms, dazu einen großen der Bühne: Alexander Girardi. Mit ihm trat die Schratt auch einmal im Ischler Sommertheater in Raimunds „Verschwender", einer Wohltätigkeitsveranstaltung für Hochwasseropfer, auf. Zu mehr gemeinsamen Abenden der beiden – Volksschauspieler würde man sie heute nennen – kam es zu beiderseitigem Bedauern nicht.

In Ischl begann Franz Josephs Tag wie in Wien. Pünktlich um halb sieben verließ der Monarch die Kaiservilla, überquerte einen kleinen Bach, um wenig später in der Bauernstube der „Villa Felicitas" das gewohnte Frühstück mit Gugelhupf und danach einen gemeinsamen Spaziergang in der näheren Umgebung zu genießen.

In Ischl hat der Kaiser fern dem strengen Wiener Hofzeremoniell wahrscheinlich die glücklichsten Stunden seiner späten Jahre verbracht. Hier war er Mensch, hier durft' er's sein!

Lutz Maurer

Die wichtigsten Zutaten für die Mehlspeisenküche

Mehl
Zur Herstellung von Mehlspeisen verwendet man hauptsächlich helles Weizenmehl und/oder Stärkemehl. Der hohe Kleberanteil im Weizenmehl macht es besonders quellfähig. Diese Eigenschaft besitzen Stärkemehle nicht. Daher setzt man sie am besten bei Gebäcken mit einem hohen Eieranteil ein. Das Quellvermögen des Weizenmehls kann durch die Zugabe von 1 Prise Salz verbessert werden.

Milch
Für Mehlspeisen ist jede handelsübliche Milch, gleich ob die fettere Vollmilch oder Magermilch geeignet. Zum Backen sollte die Milch lauwarm oder mit Raumtemperatur verwendet werden.

Obers (süße Sahne, Schlagrahm)
Obers hat mindestens 30 % Fettanteil. Er wird flüssig verwendet oder

gut gekühlt aufgeschlagen, dann sollte man einen besonders feinen Zucker zugeben, der sich schnell löst und so gut mit der Masse verbindet.

Topfen (Quark)
Bei der Verwendung von frischem Topfen ist darauf zu achten, dass er relativ trocken ist. Daher sollte man ihn auf einem Sieb gut abtropfen lassen oder mit Hilfe eines Tuches ausdrücken.

Butter
Sie ist ein wichtiger Bestandteil der Mehlspeisenküche und gibt allen Gebäcken sowie Speisen einen feinen Geschmack. Sie ist daher nur teilweise durch Margarine zu ersetzen. Für Knetteig wird sie stets gut gekühlt und in Stückchen zerteilt eingearbeitet. Weich verwendet man sie bei Rührteigen.

Schmalz
Für die feinen, süßen Mehlspeisen dieses Buches sollten Sie am besten Butterschmalz verwenden. Schweine- oder Gänseschmalz haben einen zu starken Eigengeschmack. Schmalz ist besonders fürs Ausbacken gut geeignet.

Eier
Sie sind für fast alle Gerichte in der Mehlspeisenküche wichtig. Die verwendeten Eier sollten stets frisch und von gleich Größe sein z.B. L oder M. Beim Trennen ist unbedingt darauf zu achten, dass kein Eidotter (Eigelb) in die Eiklar(Eiweiß)-Masse gerät. Da der Dotter fetthaltig ist, lässt sich das Eiklar sonst nicht steif schlagen.

Weitere Zutaten
Eine gute Germ(Hefe) ist frisch, kenntlich an der gelblich-grauen Färbung und an einer feucht-festen Beschaffenheit. Backpulver gibt man stets erst kurz vor dem Backen zum Teig und verarbeitet ihn dann sofort weiter. Nüsse, gehackt oder gemahlen, gehören ebenfalls in die Mehlspeisenküche, so auch die Vanille. Die aromatischste Sorte ist die „Bourbon“-Vanille von der Insel La Réunion, die zwar etwas teurer ist, jedoch einen besonders guten Geschmack liefert.

Zum Gebrauch des Buches

Zu den Rezepten :

Unter der Überschrift eines jeden Rezeptes erhalten Sie eine Kurz-Information, die Ihnen folgende Angaben liefert:

- Zubereitung des Rezeptes ist einfach
- Zubereitung des Rezeptes braucht etwas Erfahrung
- Zubereitung des Rezeptes ist eher schwierig
- so viel Zeit brauchen Sie für die Zubereitung des Rezeptes
- Anzahl der Personen, für die die Rezeptangaben bemessen sind

Die Angaben für das Backen beziehen sich auf Backöfen mit Ober- und Unterhitze. Möchten Sie die jeweiligen Rezepte mit Heißluft zubereiten, so stellen Sie ca. 20 °C niedriger ein. Die Backzeiten bleiben in der Regel gleich. Bitte überprüfen Sie die Temperaturangaben auch mit denjenigen in der Gebrauchsanweisung Ihres Herdes und stellen Sie ggf. etwas höher oder niedriger ein.

Es werden mehrfach Abkürzungen benutzt, die nachstehend kurz erklärt werden.

EL	Esslöffel	gem.	gemahlen
l	Liter	kg	Kilogramm
TL	Teelöffel	ger.	gerieben
ml	Milliliter	cl	Zentiliter
Msp.	Messerspitze	Pa.	Päckchen
geh.	gehäuft	vorgek.	vorgekocht
g	Gramm		

Küche um 1900

Kleines Küchenlexikon

Wissenswertes zum Gebrauch des Buches

Aranzini	Orangeat
Backfett	Fett zum Ausbacken z.B. Butterschmal
Beugel	Hörnchen
Buchteln	gefüllte Stücke aus Germteig, in Wien auc „Wuchteln” genannt
Busserl	Makronen (Eiweißgebäck)
Dampfl	Germ (Hefe)Vorteig
Eidotter	Eigelb
Eiklar	Eiweiß
Erdäpfel	Kartoffeln
Fruchtmark	durch ein Sieb passiertes Obstmark
Germ	Hefe
Golatsche	böhm. Teiggebäck mit Topfen(Quark)-Füllung auch „Kolatsche“ genannt
Gugelhupf	Napfkuchen
Karamell	Zucker, bis zur Braunfärbung geschmolze
Kerschen	Kirschen
Kipferl	kleine Hörnchen
Knödel	Klöße
Krapfen	in Fett gebackenes Germteiggebäck
Kriesen	Kirschen
Marillen	Aprikosen
Mehlspeisen	Süßspeisen, Gebäck, Kuchen
Moosbeeren	Heidelbeeren
Nocken	längliche Klößchen aus Kartoffelteig
Nußbeugel	Germteighörnchen mit Nußfüllung
Obers	Süße Sahne, Schlagsahne
Palatschinken	dünne Eierpfannkuchen
Pignoli	Pinienkerne

afesen	gefüllte in Fett gebackene Weißbrotschnitten
owidl	Zwetschkenmus (Pflaumenmus)
ahm	Saure Sahne
ibisel	Johannisbeeren
chlagobers	Schlagsahne, süße Sahne
chmarrn	in der Pfanne zubereitete, zerkleinerte Mehlspeise
emmel	Brötchen
emmelbrösel	Paniermehl
taubzucker	Puderzucker
opfen	Quark
opfenpalatschinken	mit Quark und Rosinen gefüllte Eierpfannkuchen
anillekipferl	kleine Mürbteighörnchen
Veichseln	Sauerkirschen
Veinbeeren	Rosinen
Vuchteln	siehe Buchteln
ibeben	große Rosinen
weschken	Pflaumen
wetschkenröster	Pflaumenkompott

Grundrezept Strudelteig

- 250 g Weizenmehl
- 1 Prise Salz
- 20 – 30 g zerlassene Butter oder Margarine bzw. 2-3 EL ÖL
- 1 Ei
- ca. 100 ml lauwarmes Wasser
- etwas Butter, Margarine oder ÖL zum Bestreichen des Teiges

Das Mehl in ein Schüssel sieben, in di Mitte eine Mulde eindrücken. Salz, Fet (Butter, Margarine oder Öl) und das ver sprudelte Ei hinzufügen. Das Wasse gleichmäßig darüber verteilen.

Mit dem Knethaken des elektrischer Handrührgerätes oder in der Küchen maschine zunächst auf kleiner Stufe ver mischen, dann weiterkneten, bis ei geschmeidiger Teig entstanden ist. Mehr fach auf ein bemehltes Backbrett werfer und von Hand weiterkneten, bis er gan glatt ist und seidig glänzt.

Daraus eine Kugel formen, diese mit zer lassenem Fett bestreichen, abdecken unc mindestens 30 Minuten lang rasten lassen Inzwischen die Füllung vorbereiten.

Ein großes Tuch (Strudeltuch, Tischdeck o.ä.) mit Mehl bestreuen, den Teig darau ca. 1/2 cm dick ausrollen und mit einen Nudelholz dünn austreiben. Mit bemehlter Händen langsam ausziehen. Der Teig sollt dann sehr dünn sein, dicke Teig-Ender wegschneiden.

Kirschstrudel Tiroler Art

einfach · 1:45 Std · 6 Pers

Aus den angegebenen Zutaten des Grundrezeptes einen Strudelteig – wie dort beschrieben – zubereiten und etwa 30-40 Minuten lang rasten lassen.

Inzwischen die Kirschen waschen, trocken tupfen und entkernen. Die Butter in einer größeren Pfanne schmelzen und die Semmelbrösel darin hellbraun rösten.

Auf einem größeren, bemehlten Tuch – wie im Grundrezept beschrieben – den Strudelteig ausrollen.

Mit etwas weicher Butter bestreichen und die gerösteten Semmelbrösel darüber verteilen. Darauf die Kirschen geben, mit Zucker sowie Zimt bestreuen. Dabei einen Rand von ca. 4 cm freilassen.

Die Teigränder einschlagen, den Strudel mit Hilfe des Tuches einrollen und so in eine gefettete Bratreine legen, dass die Nahtseite nach unten liegt. Mit einem Teil der restlichen Butter überziehen.

Bei 200-220 °C im vorgeheizten Backrohr in ca. 45 Minuten goldbraun backen. Dabei gelegentlich mit Butter bestreichen, bis diese aufgebraucht ist. Mit reichlich Staubzucker bestreut lauwarm servieren.

Füllung:

- 1,5 kg frische Kirschen
- 150 g Butter
- 3-4 EL Zucker, etwas Zimt
- 150 g Semmelbrösel
- 150 g gem. Mandeln

Außerdem:

- 50 g sehr weiche Butter zum Bestreichen
- Staub(Puder)-Zucker zum Bestreuen

Strudelteig nach Grundrezept S. 22 zubereiten

Wachauer Marillenstrudel

schwer 1:45 Std 6 Pers

Füllung:

- 500 g magerer Topfen (Quark)
- 250 g sahniger Topfen (Quark)
- 3 Eier
- 100 g feiner Zucker
- 1 Pa Vanillezucker
- 1 EL Zitronensaft
- abgeriebene Schale 1/2 unbehandelten Zitrone
- 400 g frische Marillen (Aprikosen)

Außerdem:

- 60 g sehr weiche Butter zum Bestreichen
- Staub(Puder)-Zucker zum Bestreuen
- 2 EL gehobelte Mandeln

Strudelteig nach Grundrezept S. 22 zubereiten

Aus den angegebenen Zutaten des Grundrezeptes einen Strudelteig – wie dort beschrieben – zubereiten und etwa 30-40 Minuten lang rasten lassen.

Für die Füllung den mageren Topfen gut abtropfen lassen und zusammen mit dem sahnigen in eine Rührschüssel geben. Die Eier trennen, die Eidotter mit dem Zucker, Vanillezucker, Zitronensaft- und Schale zum Topfen geben. Mit dem Elektroquirl mit Rührbesen gleichmäßig unter die Topfenmasse rühren.

Die Eiklar zu steifem Schnee schlagen, dann zusammen mit den gewaschenen, kleingeschnittenen Marillen unterheben.

Auf einem größeren Tuch, wie im Grundrezept beschrieben, den Strudelteig ausrollen. Mit etwas weicher Butter bestreichen und die gemahlenen Mandeln darüber verteilen. Die Topfen-Marillenmasse so auftragen, dass ein Rand von ca. 3 cm frei bleibt. Die Teigränder einschlagen, den Strudel mit Hilfe des Tuches aufrollen und so auf ein gut gefettetes Backblech gleiten lassen, dass die Nahtseite nach unten liegt. Mit einem Teil der restlichen Butter bestreichen.

Das Backrohr auf 200 – 220 °C vorheizen.

Den Strudel in 40 – 50 Minuten goldbraun backen. Dabei gelegentlich mit der Butter bestreichen, bis diese aufgebraucht ist.

Den Strudel herausnehmen, etwa 20 Minuten lang ausdampfen lassen, dann mit reichlich Staubzucker überziehen und mit Mandeln bestreuen. Lauwarm servieren.

Tipp:
Mit 2 EL Marillenlikör vermischt, schmecken die Marillen besonders fruchtig.

Topfenstrudel

mittel 2:00 Std 6 Pers

Füllung:

- 2 Eiklar (Eiweiß)
- 50 g weiche Butter
- 2 Eidotter (Eigelb)
- 100 g Zucker
- 1 Pa Vanillezucker
- 500 g Topfen (Quark, 20% Fettgehalt)
- 100 ml Rahm
- 125 g Rosinen
- 200 g Äpfel
- Saft 1/2 Zitrone
- Butterschmalz zum Einfetten
- 60 g flüssige Butter
- Staub(Puder)-Zucker zum Bestäuben

Das Mehl in eine Schüssel sieben. In die Mitte eine Mulde eindrücken. Das Ei hineinschlagen, ÖL und Salz zufügen. Zu einem glatten Teig verkneten. So viel Wasser dazugeben, bis der Teig von mittelfester Konsistenz ist. Von Hand so lange weiterkneten, bis er „seidig" glänzt. Mit etwas Öl bestreichen, dann ca. 30 Minuten ruhen lassen.

Inzwischen die Füllung vorbereiten. Hierzu Eiweiß steif schlagen und kühl stellen.

Butter mit Eigelb, Zucker, sowie Vanillezucker schaumig rühren. Nach und nach den gut abgetropften Topfen und den Rahm untermischen. Rosinen sowie geschälte, entkernte und klein gewürfelte Äpfel sowie den Zitronensaft einrühren.

Eine größere, feuerfeste Form oder das Backblech einfetten und den Backofen auf 180 - 200°C vorheizen.

Auf einem Tisch ein großes Backtuch ausbreiten und mit Mehl bestreuen. Den Teig auf dieser Fläche dünn ausrollen und von Hand langsam nach außen ziehen. Die dickeren Teigenden gegebenenfalls wegschneiden.

Den Eischnee unter die Topfenmasse geben und diese auf dem Strudelteig verteilen. Dabei am Rand Platz lassen. Die Ränder einschlagen, den Strudel mit Hilfe des Tuches aufrollen und in die Form oder auf das Backblech gleiten lassen. Mit etwas Butter bestreichen, dann ca. 50 - 60 Minuten backen. Zwischendurch die restliche Butter darüber pinseln.

Den fertigen Strudel herausnehmen, etwa 20 Minuten ausdampfen lassen, dann aufschneiden und mit reichlich Staubzucker bestreut servieren. Lauwarm genießen.

Strudelteig nach Grundrezept S. 22 zubereiten

Feiner Waldbeerstrudel

mittel   2:00 Std   6 Pers

Füllung:

- 3-4 EL Butter
- 80 g Semmelbrösel
- 50 g gemahlene Mandeln
- 300 g frische Waldbeeren oder Beeren gleicher Menge aus dem Glas
- 125 feiner Zucker

Außerdem:

- 50 g sehr weiche Butter zum Bestreichen
- Staub(Puder)-Zucker zum Bestreuen

Aus den angegebenen Zutaten des Grundrezeptes einen Strudelteig – wie dort beschrieben – zubereiten und etwa 30-40 Minuten lang rasten lassen.

Für die Füllung die Butter erhitzen und die Semmelbrösel darin goldgelb anrösten. Die Waldbeeren verlesen, waschen und über einem Sieb gut abtropfen lassen, dann mit dem Zucker mischen.

Auf einem größeren, bemehlten Tuch – wie im Grundrezept beschrieben – den Strudelteig ausrollen sowie ausziehen.

Mit 1-2 EL weicher Butter bestreichen und die gerösteten Semmelbrösel sowie die

gemahlenen Mandeln darüber verteilen. Darauf die Waldbeeren geben, dabei einen Rand von ca. 4 cm freilassen.

Die Teigränder einschlagen, den Strudel mit Hilfe des Tuches einrollen und so auf ein gefettetes Backblech legen, dass die Nahtseite nach unten liegt. Mit einem Teil der restlichen Butter überziehen.

Bei 190-210 °C im vorgeheizten Backrohr in ca. 40-50 Minuten goldbraun backen. Dabei gelegentlich mit Butter bestreichen, bis diese aufgebraucht ist. Mit reichlich Staubzucker bestreut lauwarm servieren.

Strudelteig nach Grundrezept S. 22 zubereiten

Saftige Buchteln

mittel 1:45 Std 6 Pers

- 500 g Mehl, Salz
- 30 g Germ (Hefe)
- ca. 150 ml lauwarme Milch
- 50 - 75 g Zucker
- 1 EL Vanillezucker
- 1 Ei
- 80 g weiche Butter
- abgeriebene Schale ½ unbehandelten Zitrone
- 100 g Butter zum Backen
- Konfitüre oder Zwetschkenmus (Pflaumenmus) zum Füllen

Mehl mit Salz in eine Rührschüssel sieben, in die Mitte eine Mulde eindrücken, Hefe zerbröckeln, in die Mulde geben, die Milch darüber verteilen und mit etwas Mehl und Zucker verrühren. Zugedeckt an einem warmen Ort ca. 20 - 30 Minuten gehen lassen. Vanillezucker, Butter, abgeriebene Zitrone und Ei hinzugeben. Zu einem weichen Teig verarbeiten, der sich gut vom Schüsselrand lösen muß.

Den Teig auf bemehlter Arbeitsfläche ca. 2 cm dick ausrollen, in Quadrate schneiden, darauf je 1 Teelöffel Konfitüre oder Zwetschkenmus geben und zusammenfassen.

Eine Bratreine oder eine hitzebeständige Auflaufform mit etwas Butter ausstreichen und die Buchteln mit der glatten Seite nach oben nebeneinander hineinsetzen. Abgedeckt nochmals 15 - 20 Minuten gehen lassen. Anschließend mit der Butter bestreichen und in den heißen Backofen setzen. 30 - 45 Minuten backen, zwischendurch nochmals mit Butter bestreichen.

Wenn die Oberfläche schön hellbraun geworden ist, ist das Gebäck fertig.

Feines „Thee"-Gebäck

einfach 0:45 Std 8 Pers

- 250 g weiche Butter
- 100 g feinster Zucker
- 1 Pa Vanillezucker
- 1 Prise Salz
- 1 Ei
- 300 g Mehl
- 50g Stärkemehl
- 1 gestr. TL Backpuler
- 3 EL Rahm (süße Sahne)

Weiche Butter mit Zucker, Vanillezucker, Salz und Ei sehr schaumig rühren. Gesiebtes Mehl, Stärkemehl und Backpulver darüber verteilen und unterrühren. Den Rahm nach und nach zugeben, bis die Masse geschmeidig ist.

Das Backrohr auf 200-220 °C vorheizen.

Den Teig in einen Spritzbeutel füllen. Das Backblech einfetten, mit Mehl bestäuben, durch Schütteln verteilen und überschüssiges Mehl abklopfen. Kleine, runde Teigstücke nicht zu dicht nebeneinander aufspritzen, dann das Gebäck in 10-14 Minuten goldbraun backen.

Interessant für Sie:
Das Trinken von Café war am Wiener Hofe eingeführt, vor allem zum Frühstück. Einen Nachmitags- „Thee“ zu trinken war jedoch eine Besonderheit, die man vom englischen Königshaus übernahm – immer zu festgelegten Zeiten und am liebsten im „Thee“-Salon. Die Kaiserin Sisi ließ sich dafür in der Kaiservilla in Bad Ischl eigens einen Salon einrichten. Zum heißen Getränk wurde dann stets kleines Gebäck serviert, so wie dieses Rezept beschreibt. Der Begriff „Thee“ selbst entstammt ursprünglich der niederländischen Sprache.

Tee-Salon in der Kaiser-Villa, Ischl

Salzburger Nockerln mit Brombeersauce

schwer · 0:45 Std · 4 Pers

Nockerln:

- 40 g Butter
- 1/8 l Obers (süße Sahne)
- 1 Pa Bourbon-Vanillezucker
- 4 Eidotter (Eigelb)
- 60 g Zucker
- 2 EL trockener Weißwein
- 40 g gesiebtes Mehl
- 1 Prise Salz
- 8 Eiklar (Eiweiß)
- etwas Zitronensaft
- Staub(Puder)-Zucker zum Bestreuen

Sauce:

- 5-6 EL Brombeergelee
- 1/8 l trockener Rotwein
- 1 EL Honig
- 1 Pa Bourbon-Vanillezucker

Salzburg

Das Backrohr mit eingesetztem Rost auf 200 - 220 °C vorheizen.

Butter, Obers und Bourbon-Vanillezucker in einen Topf geben und kurz aufkochen lassen. Dabei mit einem Schneebesen kräftig durchrühren, dann beiseite stellen.

Die Eidotter mit dem Zucker in einer Rührschüssel sehr schaumig rühren. Weißwein, gesiebtes Mehl sowie Salz dazugeben und weiterrühren, bis die Masse sehr cremig ist. Die Eiklar unter Zugabe von Zitronensaft zu sehr steifem Schnee schlagen und rasch unter die Eidottermasse ziehen.

In eine größere, feuerfeste Auflaufform zunächst die Sahnesauce füllen, dann drei große sowie hohe „Nockerln" in die Form setzen und sofort in das sehr geheizte Backrohr schieben (unteres Drittel). Etwa 15-20 Minuten backen lassen.

Inzwischen die Sauce vorbereiten. Hierzu das Brombeergelee mit Rotwein nach und nach glattrühren, Honig sowie Bourbon-Vanillezucker zugeben, langsam erhitzen, durchrühren. Die Nockerln auf Desserttellern anrichten, mit reichlich Staubzucker bestreuen, etwas Sauce dazugeben und sofort servieren.

Interessant für Sie:

Kaiser Franz Joseph reiste regelmäßig zu seinem Jagdrevier bei Bad Ischl. Die köstliche Spezialität aus dem nahe gelegenen Salzburger Land zählte den Überlieferungen nach zu seinen begehrtesten Leibspeisen. Die Nockerln haben sehr viel Ähnlichkeit mit süßen Souffé-Massen, wobei es besonders wichtig ist, dass der Backofen ausreichend lang vorgeheizt wird.

„Busserl" mit Chokolade

einfach 1:15 Std 8 Pers

Teig:

- 4 Eiklar (Eiweiß)
- 200 g feinster Zucker
- 50 g Staub (Puder)-Zucker
- 1-2 TL Zitronensaft
- 250 g gemahlene Mandeln
- 1/2 TL Zimt
- 100 g geraspelte Bitterschokolade
- ca. 40 kleine, runde Backoblaten
- ca. 40 Schokoladen-Kaffeebohnen als Garnitur

Menge: ca. 40 Stück

Eiklar zu sehr steifem Schnee schlagen, Zucker mit Staubzucker mischen und unter weiterem Schlagen einrieseln lassen. Zwischendurch den Zitronensaft zugeben, so dass die Masse steif und glänzend wird.

Gemahlene Mandeln mit Zimt und Bitterschokolade mischen. Locker unter die Eischneemasse heben.

Das Backrohr auf 130-140 °C vorheizen, mit 2 Teelöffeln Teighäufchen auf die Oblaten setzen und im Abstand von ca. 2 cm auf einem mit Backpapier ausgelegtem Backblech verteilen. Mit Schokoladen-Kaffeebohnen garnieren und leicht eindrücken.

In 35-45 Minuten abbacken.

Aus der Not eine „süße“ Tugend machen!

In Bad Ischl, im Herz des vielbesungenen Salzkammergutes, treffen sich auch heute noch am 18. August Gott und die Welt, um feierlich den Geburtstag Kaiser Franz Josephs zu begehen. Fast ein Jahrhundert nach seinem Tod, erklingt dann am Ende der Messe in der Pfarrkirche noch immer die alte österreichische Kaiserhymne. Nicht nur Vertreter des Hauses Habsburg und des hohen europäischen Adels singen sie. Haydns „Gott erhalte unseren Kaiser, unser Land“ erklingt auch aus vielen republikanischen Kehlen ...

Danach zieht es die meisten Kirchenbesucher zu zwei, seit weit mehr als einem Jahrhundert am österreichischen Mehlspeishimmel leuchtenden Fixsternen. Das Cafe Ramsauer in der Kaiser Franz Joseph-Straße rühmt sich, das älteste durchgängig in Betrieb befindliche Kaffeehaus Österreichs zu sein. Seit 1826 lassen sich dort die Gäste Mehlspeisen, vor allem den legendären „Ramsauer Apfelstrudel“ auf der Zunge zergehen.

Unweit vom Ramsauer lockt in der Pfarrgasse seit 1829 eine zweite süße Versuchung: der „Zauner“. Einst zum k.k. Hofzuckerbäcker geadelt, genießen heute vor allem Touristen und Kurgäste die Köstlichkeiten des Hauses, wie etwa Zaunerkipferln oder Ischler Törtchen. Alles aber überstrahlt ein auf den ersten Blick eher unscheinbares dunkelbraunes Produkt.

Erfunden hat es vor 105 Jahren ein Zuckerbäcker des Hauses, der findige Joseph Nickel, dem wir auch die berühmten Ischler Oblaten verdanken. Viele dieser hauchdünnen Köstlichkeiten zerbrachen einst bei der Produktion, mussten weggeworfen werden. Das brachte Nickel auf die Idee, den Bruch mit einer nougatartigen Haselnuss-Schokolade-Masse zu vermischen und daraus kleine Plätzchen zu formen. Als „Nickerlbatz“ waren sie bei den Ischler Kindern heißbegehrt, mundeten aber bald auch den Erwachsenen. Das veranlasste Nickel und Victor

Zauner, den Herrn des süßen Etablissements, die Köstlichkeiten auch in anderen Formen wie Kugeln oder Törtchen anzubieten.

Eines Tages leerte Nickel die Masse in eine längliche Kuchenform, in der sie sich auch in getrocknetem Zustand – ohne zu zerbrechen oder zu zerbröseln – schneiden ließ. Nicht genug der Kalorien, der Meister krönte sein opus magnum noch mit einer zarten, dunklen Schokoladenglasur. Das war die Geburtsstunde des weit über die Grenzen Österreichs hinaus bekannten und begehrten Zaunerstollens!

Lutz Maurer

Kaiser-Villa, Bad Ischl

Stollen nach Art des Café Zauner in Bad Ischl

einfach · 0:30 Std · 8 Pers

Masse:

- 250 g Zartbitter-Schokolade
- 175 g grob geriebene Haselnüsse
- 1/4 l Schlagobers (süße Sahne)
- 125 g Karlsbader Oblaten oder ähnliche Waffelblätter
- Schokoladenglasur
- etwas neutrales Öl

Tipp:
Der Stollen benötigt 2 Tage Zeit zum Ziehen. Nach Belieben 1 EL Cognac unter den Teig ziehen.

Die Schokolade raspeln oder klein schneiden. Den Schlagobers in einen Topf geben, langsam aufkochen, die Schokolade zugeben und unter beständigem Rühren darin vollständig schmelzen. Von der Kochstelle nehmen.

Die Haselnüsse in einer Pfanne vorsichtig rösten, dabei stets durchrühren und zusammen mit den zerbröselten Oblaten gleichmäßig unter die Schokoladenmasse ziehen.

In eine geölte Rehrückenform drücken, glatt streichen, mindestens 2 Tage lang im Kühlschrank durchziehen lassen, dann stürzen und mit Schokoladenglasur überziehen.

Kuchentheke im „Zauner" damals und heute

Interessant für Sie:

Der „Zaunerstollen“ ist eine bekannte Spezialität des Café Zauner in Bad Ischl. Als Hoflieferant hat das Café stets süßes Gebäck für den Kaiser hergestellt, wohl auch diesen köstlichen Stollen. Auch Kaiserin Sisi war seit ihrer Hochzeit im Jahr 1854 oft in Ischl Gast in diesem berühmten Kaffeehaus. Das obenstehende Rezept schmeckt ähnlich, kann das Original jedoch nicht erreichen. Ein Besuch im „Zauner“ lohnt daher immer.

Das Cafe Zauner heute

Der wunderbare Original Zaunerstollen

Petits Fours

mittel 2:00 Std 8 Pers

Teig:

- 80 g Marzipan-Rohmasse
- 5-6 warmes Wasser
- 125 feinster Zucker
- 5 Eidotter (Eigelb)
- 1 Prise Salz
- abgeriebene Schale 1 unbehandelten Zitrone
- 5 Eiklar (Eiweiß)
- 125 g Mehl
- 60 g Stärkemehl
- 1 TL Backpulver

Füllung:

- 100 g Himbeer-Gelee
- 100 g Ribisel (Johannisbeer)-Gelee
- 100 g Marillen (Aprikosen)-Marmelade

Belag:

- 200 g Marzipan-Rohmasse
- 50 g Staub(Puder)-Zucker
- 50 g Marillen (Aprikosen)-Marmelade
- 500 g dunkle Kuchenglasur
- 2 - 3 El Arrak

Außerdem:

- kandierte Früchte, Pistazien, Walnüsse, Papierförmchen

Das Backrohr auf 200-220 °C vorheizen.

Im warmen Wasser das Marzipan auflösen 3/4 der Zuckermenge, Eidotter, Salz und abgeriebene Zitronenschale beifügen und gut verrühren. Eiklar mit restlichem Zucker steif schlagen. Das Mehl mit Stärkemehl und Backpulver mischen. Auf die Masse sieben und kurz unterheben.

Den Teig auf ein mit Backpapier ausgelegtes Backblech sehr gleichmäßig verstreichen, ins heiße Backrohr geben und in 10-15 Minuten backen.

Die Biskuitplatte nach dem Backen auf ein mit Zucker bestreutes Küchentuch stürzen, das anhaftende Backpapier sofort mit Wasser bestreichen und vorsichtig abziehen. Nun die Teigplatte in 3 gleiche Rechtecke schneiden. Die Platte mit dem Küchentuch aufrollen und ausdampfen lassen.

Die Streifen jeweils mit Gelee oder Marmelade bestreichen und aufeinander legen. Marzipan mit Puderzucker verkneten, auf der mit Zucker bestreuten Arbeitsplatte in Größe der Biskuitplatte ausrollen, in Folie einpacken, auf ein Backblech legen, ein Küchenbrett zum Beschweren darauf geben und einige Stunden so stehen lassen.

Den Biskuit in kleine Würfel schneiden. Glatt gerührte Marillenmarmelade auf das Marzipan streichen und antrocknen lassen.

Die Kuchenglasur langsam schmelzen, zuletzt den Arrak unterziehen. Die Kuchenstückchen mit einer großen Gabel oder besser einer Pralinengabel halten, in die Glasur tauchen, dann auf einem Kuchengitter trockenen lassen.

Zuletzt die Petits Fours verschiedenartig dekorieren. In kleinen Papierförmchen anrichten.

Interessant für Sie:
Die Petits Fours wurden erstmals am französischen Hof nachmittags zum Kaffee aufgetragen. Schnell verbreitete sich diese Sitte auch in anderen großen Kaiser- und Königshäusern. Auch seine Majestät der Kaiser Franz Joseph liebte es, zwischendurch einmal etwas Süßes zu sich zu nehmen. So standen immer frische Petits Fours für ihn bereit.

„Petits Fours“ bedeutet „kleine Kuchen“ und so sollen sie auch aussehen. Den Ausführungen in Form, Farbe sowie Geschmack sind allerdings fast keine Grenzen gesetzt. Aus zerteiltem Biskuitteig hergestellt, lassen sie sich verschiedenartig glasieren und dekorieren. Zum Servieren verwendet man immer schöne Papierförmchen in passender, farblicher Gestaltung.

Für's Kaiserliche Frühstück: Milchbrot

mittel 1:45 Std 6 Pers

Teig:

- 500 g Mehl
- 30 g Germ (Hefe)
- 100 g Zucker
- 1 Pa Vanillezucker
- 1 Prise Salz
- 2 Eier
- 100 g Butter
- ca. 1/8 l lauwarme Milch
- 100 g Weinbeeren (Rosinen)

Zum Bestreichen:

- 1 Eidotter (Eigelb)
- 2 El Milch

Interessant für Sie: Dieses köstliche Milchbrot gab es am Kaiserhof vornehmlich zum Frühstück, vor allem in der Fastenzeit. Wichtig für ein gutes Gelingen ist, dass alle Zutaten gleiche Temperatur aufweisen. Daher stellt man sie am besten 1 Stunde vor dem Backen auf die Arbeitsfläche in der Küche.

Das gesiebte Mehl in eine Rührschüssel geben und gut durchmischen. In die Mitte eine Vertiefung eindrücken. Den Germ hineinbröckeln und mit lauwarmer Milch sowie etwas Zucker verrühren. Zugedeckt an einem warmen Ort ca. 15 Minuten gehen lassen.

Die Butter zerlassen und mit dem restlichen Zucker, den Eiern, dem Salz und der Milch sehr schaumig rühren. Hierzu am besten den Elektroquirl einsetzen. Die Weinbeeren hinzufügen.

Diese Mischung zum Germteig geben und alle Zutaten zu einem geschmeidigen Teig verarbeiten. Dabei sollte er Blasen werfen und sich leicht vom Schüsselrand lösen.

Das Backrohr auf 180-200 °C vorheizen.

Den Teig in drei gleichgroße Stücke teilen, aus jedem Stück eine Rolle formen und aus den drei Rollen einen lockeren Zopf flechten. Diesen auf ein gut gefettetes Backblech legen und mit einem Küchentuch zugedeckt ca. 20 Minuten gehen lassen. Der Zopf sollte dann prall aufgegangen sein und sich um die Hälfte vergrößert haben. Eidotter mit Milch verquirlen, den Zopf damit bestreichen und in ca. 30 - 40 Minuten backen.

Soufflé à l'Impérial (Soufflé auf kaiserliche Art)

schwer 1:15 Std 4 Pers

Die Milch zusammen mit dem ausgekratzten Vanillemark aufkochen, von der Kochstelle nehmen. Butter und Grieß unterrühren. Etwa 30 Minuten lang ziehen lassen, dabei gelegentlich durchrühren. Inzwischen die Soufflé-Förmchen mit Butter einfetten und mit Zucker gleichmäßig ausstreuen.

Rechtzeitig das Backrohr auf 210-230 °C vorheizen.

Die Eiklar in eine Schüssel geben, mit dem Elektroquirl halbsteif schlagen, den Zucker einrieseln lassen und weiterschlagen, bis die Masse schön fest ist.

Die Eidotter verquirlen, zusammen mit dem Mandel-Likör unter die Grießmasse rühren, dann den Eischnee unterheben. Die Masse gleichmäßig auf die Förmchen verteilen, diese in eine flache Schale mit Wasser stellen (Wasserbad) und 20-30 Minuten im unteren Drittel des Backofens backen.

- 1/4 l Milch
- ausgekratztes Mark einer Vanilleschote
- 50 g Butter
- 50 g feiner Grieß
- 4 Eiklar (Eiweiß)
- 4 Eidotter (Eigelb)
- 75 g feinster Zucker
- 2 cl Amaretto (Mandel-Likör)
- etwas Butter für die Soufflé-Förmchen, Zucker

Tipp:
Während der Backzeit die Tür des Backrohres keinesfalls öffnen, sonst fallen die empfindlichen Soufflés zusammen. Sie gelingen mit Ober- und Unterhitze am besten.

Böhmische Topfen-„Golatschen“

mittel · 1:50 Std · 4 Pers

Teig:

- 500 g Mehl
- 250 g weiche Butter
- 20 g Germ (Hefe)
- 60 – 70 g feinster Zucker
- 1 Ei
- 2 Eidotter (Eigelb)
- abgeriebene Schale 1/2 unbehandelten Zitrone
- 1 Pa Vanillezucker
- ca. 1/4 l lauwarme Milch

Füllung:

- 250 g Topfen (Quark)
- 2 Eidotter (Eigelb)
- 100 g feiner Zucker
- 1 Pa Vanillezucker
- etwas Sauerrahm
- abgeriebene Schale 1/2 unbehandelten Zitrone
- 30 g weiche Butter
- 1 Eiklar (Eiweiß) zum Bestreichen der Ränder
- Butter, Mehl für das Backblech
- 1 Eidotter (Eigelb)
- Milch zum Bestreichen

Aus den angegebenen Zutaten, wie im Rezept „Milchbrot“ beschrieben, einen weichen Germ(Hefe)-Teig zubereiten und gehen lassen. Für die Füllung Topfen mit Eidotter, Zucker, Vanillezucker, Rahm, abgeriebene Zitrone sowie weiche Butter glatt rühren. Hierzu am besten den Elektroquirl mit Schlagbesen oder die Küchenmaschine einsetzen.

Den Germteig auf bemehlter Arbeitsfläche ca. 1/2 cm dick ausrollen, 10 cm große Quadrate ausschneiden, je einen Löffel der Topfenfülle darauf geben, die Ränder mit Eiklar bestreichen und die Ecken mittig übereinander legen, so dass Teigtaschen entstehen.

Das Backrohr auf 190 – 210 °C vorheizen.

Diese auf ein gefettetes und mit Mehl bestreutes Backblech legen. Eidotter mit Milch verquirlen und die Oberseite der Golatschen damit bestreichen. Nochmals aufgehen lassen, dann in ca. 25 Minuten goldbraun backen. Auf einem Kuchengitter abkühlen, frisch servieren.

Tipp:
Sie können der Topfen-Masse nach Belieben auch ca. 2 El gewaschene, gut abgetropfte Weinbeeren (Rosinen) zugeben.

Wiener Vanille-Kipferl

einfach 2:30 Std 4 Pers

Alle Zutaten für den Teig in eine Rührschüssel geben und mit dem Elektroquirl mit Knetern oder in der Küchenmaschine rasch zu einem glatten Mürbeteig verarbeiten.

Den Teig in Klarsichtfolie einwickeln und für 2 Stunden kühl stellen.

Den Teig auf bemehlter Arbeitsfläche zu einer dünnen Rolle formen. Davon kleine, gleich große Stücke abschneiden, diese zu Kipferln (kleine Hörnchen) formen und auf ein gut gefettetes oder mit Backpapier ausgelegtes Backblech setzen.

Bei 180-200 °C im gut vorgeheizten Backrohr in 12-15 Minuten backen. Noch warm in einem Gemisch aus Vanille- und Staubzucker wälzen.

Teig:

- 300 g Mehl
- 1 Prise Salz
- 125 g feiner Zucker
- 1 Pa Bourbon-Vanillezucker
- ausgekratztes Mark 1 Vanille-Schote
- abgeriebene Schale 1/2 unbehandelten Zitrone
- 3 Eidotter (Eigelb)
- 125 g gemahlene Mandeln
- 250 g Butter, in kleine Stückchen geschnitten

Außerdem:

- 2 Pa Bourbon-Vanillezucker
- Staub(Puder)-Zucker

Tipp:
Besonders aromatisch wird das Gebäck, wenn man die gemahlenen Mandeln in einer heißen Pfanne goldbraun röstet, abkühlen lässt und verarbeitet. Die fertigen Kipferl in gut schließender Gebäckdose aufbewahren. Nach einer Woche schmecken sie am besten.

Zwetschken-Pavesen

einfach 0:45 Std 4 Pers

- 5 - 6 altbackene Semmeln (Brötchen)
- 200 g dickes Zwetschken(Pflaumen)-mus
- 80 g Mehl
- 150 ml Milch
- 2 Eier
- 2 EL Rahm
- 1 Prise Salz
- 100 - 150 g Semmel-brösel (Paniermehl)
- 80 - 100 g Butterschmalz zum Ausbacken
- Zimtzucker (5 EL Zucker, 1/2 TL Zimt) zum Bestreuen

Interessant für Sie: Die Zwetschken-Pavesen werden vor allem im Salzkammergut gerne zum Kirchweihfest serviert.

Die Semmeln rundum abreiben und in Scheiben schneiden. Eine Hälfte mit Zwetschkenmus bestreichen, mit je einer unbestrichenen Scheibe zusammensetzen und leicht andrücken. Von beiden Seiten in Mehl wenden, dann gleichmäßig mit Milch beträufeln und durchziehen lassen.

Inzwischen das Butterschmalz in einer größeren Pfanne erhitzen und die Eier mit dem Rahm sowie Salz gut verquirlen.

Die Brotscheiben erst darin, dann in den Semmelbröseln panieren und sofort bei mittlerer Hitze goldbraun ausbacken.

Mit Zimtzucker bestreuen und warm servieren.

Ausgebackenes Mandelgebäck

einfach 0:30 Std 4 Pers

Mehl mit Backpulver in eine Rührschüssel sieben. In kleine Stückchen geschnittene Butter, Zucker, Mandel, Eier, Sauerrahm sowie abgeriebene Zitronenschale zugeben.

In der Küchenmaschine oder mit dem Elektroquirl mit Knethaken zu einem geschmeidigen Knetteig verarbeiten. Kalt stellen.

Den Teig auf bemehlter Arbeitsfläche ca. 1 cm dick ausrollen, mit einem Teigrädchen Rauten oder Vierecke ausradeln.

Das Backfett in einem eher weiten Topf erhitzen. Die Mandel-Rauten bzw. Vierecke darin portionsweise goldgelb ausbacken. Auf Küchenpapier abtropfen lassen, dann mit reichlich Staubzucker bestreuen und frisch servieren.

Teig:

- 375 g Mehl
- 2 TL Backpulver
- 100 g kalte Butter
- 100 g feiner Zucker
- 125 g gemahlene Mandeln
- 3 Eier
- 2 EL Sauerrahm (saure Sahne)
- abgeriebene Schale 1/2 unbehandelten Zitrone

Außerdem:

- Mehl zum Ausrollen
- etwa 750 g Backfett z.B. Butterschmalz
- Staub(Puder)-Zucker zum Bestäuben

Köstliche Blätterteig-Fruchtschnitten

schwer 1:50 Std 6 Pers

Teig:

- 250 g Mehl
- 250 g sehr kalte Butter
- 135 ml Wasser
- 1 Prise Salz

Füllung:

- 5 Blatt weiße Gelatine
- 3 cl heißer Orangensaft
- 250 m Schlagobers (süße Sahne)
- 50 g feiner Zucker
- 200 g frische Früchte z.B. Brombeeren, Bananen, Ribisel (Johannisbeeren)

Für den Blätterteig das Mehl sieben, die kalte Butter in Würfel schneiden und mit dem Mehl durchmischen. Wasser sowie Salz dazugeben und alles gut verkneten.

Etwas Mehl auf einen kalten Tisch sieben und den Teig darauf ca. 1 cm dick rechteckig ausrollen. Die halbe Fläche des Teiges mit kaltem Wasser bestreichen und die Teigplatte der Länge nach zusammenklappen. Wieder anfeuchten und erneut umklappen. Mit Folie abdecken, kühl stellen. Den Vorgang drei mal wiederholen, d.h. ausrollen, bestreichen, umklappen und ruhen lassen.

Für die Füllung die Gelatine in kaltem Wasser einweichen, ausdrücken und in heißem Orangensaft auflösen. Abkühlen lassen.

Die verschiedenen Früchte vorbereiten, waschen oder schälen. Zwischen zwei Lagen Küchenpapier vorsichtig trocken tupfen. Den Schlagobers halbsteif schlagen, zukkern und weiterschlagen. Nach und nach zur halbfesten Gelatine geben. Einige Früchte als Garnitur zurück behalten, den Rest unter die Gelatine ziehen. Kühl stellen.

Den Blätterteig ausrollen, mit einem scharfen Messer Quadrate ausschneiden. Auf ein mit Backpapier ausgelegtes Backblech legen. Ruhen lassen, dann mit etwas Wasser bestreichen.

Inzwischen das Backrohr auf 210 - 230°C vorheizen. Das Gebäck einsetzen und in ca. 12 - 15 Minuten goldbraun backen. Die Teigplatten vom Blech nehmen, auf einem Kuchengitter auskühlen lassen. Die unteren Teile mit der Fruchtfüllung bestreichen und diese dann mit einer zweiten Platte abdecken. An der Oberseite mit Früchten garnieren.

Interessant für Sie:
Der lockere, knusprige Blätterteig war schon in der k.k. Küche sehr beliebt. Eine alte Geschichte erzählt, dass ein Bäckerlehrling, der seinem Meister ein Stück Butter stehlen wollte, diese schnell in eine Mehlmasse einarbeiten musste, als der Meister völlig unerwartet zur Tür hereinkam. Daher wird vielerorts der Blätterteig einfach „Butterteig“ genannt. Wichtig bei der Zubereitung ist, Mehl und Butter im Verhältnis 1:1 zu verarbeiten und den Teig oft genug ausrollen.

Apfelkiachl im Bierteig

einfach 0:30 Std 4 Pers

- 4 mittelgroße Äpfel
- Saft von 1 Zitrone
- 2 EL Rum

Backteig:

- 175 g Mehl
- 1 Prise Salz
- 75 g Zucker
- 2 Eidotter (Eigelb)
- 1 EL Öl
- 1/4 Liter helles Bier
- 2 Eiklar (Eiweiß)

Außerdem:

- 500 g Butterschmalz zum Ausbacken
- 75 g Mehl zum Wenden
- Zucker oder Staub(Puder)-zucker zum Bestreuen

Die Äpfel waschen, schälen, mit einem Apfel-Ausstecher das Kerngehäuse vollständig entfernen, dann die Apfel in ca. 1 cm dicke Scheiben schneiden. In eine Schüssel legen und sofort mit Zitronensaft und Rum beträufeln, damit sie nicht braun werden.

Das Mehl in eine Rührschüssel sieben. Salz, Zucker und Eidotter hinzufügen. Unter Zugabe von Öl und Bier zu einem geschmeidigen Teig verrühren. Das Eiklar steif schlagen und unterziehen.

Das Butterschmalz erhitzen, die Apfelscheiben in Mehl wenden, durch den Backteig ziehen und schwimmend von jeder Seite in 1 - 2 Minuten goldgelb backen.

Die Apfelringe mit Hilfe eines Schaumlöffels herausheben, auf Küchenpapier abtropfen lassen, mit Zucker oder Staub-

Variation:
Je nach Jahreszeit können Sie den Backteig auch für andere Spezialitäten, wie „Hollerblüten" (Holunderblüten), Zwetschken (Pflaumen), Schwammerl (Pilze) oder Kletzen (Birnen) verwenden.

Interessant für Sie :
Das Ausbacken von Apfelscheiben in einer Teighülle ist seit mehr als 2000 Jahren bekannt und beliebt. Im Land zwischen Euphrat und Tigris wurde ein entsprechendes Rezept gefunden. Es beschreibt einen Teig, der in siedendem Schmalz ausgebacken und anschließend mit Honig bestrichen wird. Auch in römischen Kochbüchern findet man häufig Apfelscheiben in Teigmantel. Diese Rezepte wurden später von Klosterküchen übernommen und im Alpenraum verbreitet.

Tipp:
Möchten Sie die Kiachl für Kinder zubereiten, so können Sie das Bier oder den Rum durch mit Mineralwasser gemischten Apfelsaft ersetzen.

Vom Unsinn zum tieferen (süßen) Sinn!

„Redn's kan Schmarrn zamm!" Nicht gerade die höflichste, sicher aber die weitestverbreitete österreichische Form barscher Zurechtweisung. Schon Nestroy legte sie der Obrigkeit in den Mund, schlotternde Studenten vernahmen sie aus dem Munde strenger Professoren, nach Ausreden suchende Autofahrer aus dem unnachgiebiger Gesetzeshüter. Sogar im Hohen Haus wurde die Aufforderung des öfteren als Zwischenruf gehört.

Welch Unrecht wird da einer der köstlichsten österreichischen Mehlspeisen getan! Einer der vielseitigsten dazu: Griesschmarrn, Heidelbeerschmarrn, Nussschmarrn – Namen, die jedem österreichischem „Mehlspeistiger" das Wasser im Munde zusammenfließen lassen.

Die Krone aller Schmarren gebührt zweifellos dem Kaiserschmarrn! Eine Umfrage einer Internet-Plattform wollte kürzlich die Lieblingsspeisen der Österreicher erkunden. Bei den Hauptspeisen war es wenig verwunderlich das Wiener Schnitzel. Platz eins bei den Nachspeisen: der Kaiserschmarrn, noch vor dem Apfelstrudel!

Wer ihn genießt, weiß, was er isst: eine flaumige, aber äußerst kalorienreiche Delikatesse aus Eiern, Mehl, Zucker, Butter, Milch und Rosinen mit süßem Zwetschkenröster als Beigabe.

Legenden ranken sich um den Namen des Kaiserschmarrns. Eine erzählt von einem Leibkoch, der ihn den kaiserlichen Hoheiten als Nachspeise vorsetzte. Die figurbewusste Sisi lehnte dankend ab, worauf sich ihr Gemahl mit den Worten „Na, geb er halt mir den Schmarrn“ an der Götterspeise zu delektieren begann.

Einer anderen Überlieferung nach wollte der Kaiser einst den Namen des delikaten Gerichtes wissen. „Kaserschmarrn“ lautete die Antwort des Kochs. Der hohe Herr allerdings verstand „Kaiserschmarrn“ und bestellte es fortan unter diesem Namen. Keiner wagte zu widersprechen, die Majestät aufzuklären, dass der Schmarrn zum Großteil aus Molkereiprodukten, also Erzeugnissen einer „Kaserei“ bestand.

So wurde durch einen Hörfehler des Allerhöchsten Herrn der profane Kaserschmarrn zum Kaiserschmarrn geadelt!

Lutz Maurer

G'staubter Kaiserschmarrn

einfach 0:45 Std 4 Pers

- 60 g Weinbeeren (Rosinen)
- 2-3 EL Rum
- 150 g Mehl
- 1 Prise Salz
- 1 EL Staub(Puder)-Zucker
- 1 Pa Vanillezucker
- abgeriebene Schale 1/2 unbehandelten Zitrone
- 3 Eidotter (Eigelb)
- 1/8 l Milch
- 3 Eiklar (Eiweiß)
- etwas Zitronensaft
- 40 g gemahlene Mandeln
- 50 - 60 g Butterschmalz zum Ausbacken
- Staub (Puder)-Zucker zum Bestäuben

Die Rosinen heiß abbrühen und in eine Schale geben. Mit Rum beträufeln und beiseite stellen. Das Mehl in eine Rührschüssel sieben. Salz, Staubzucker, Vanillezucker, abgeriebene Zitronenschale, Eidotter sowie Milch dazugeben. Mit dem Elektroquirl oder in der Küchenmaschine zu einem leicht flüssigen Teig verarbeiten und ca. 20 - 30 Minuten „ruhen" lassen. Das Eiklar mit Staubzucker und einigen Tropfen Zitronensaft zu sehr steifem Schnee schlagen. Gemahlene Mandeln zufügen. Die Masse vorsichtig unter den Teig heben.

In einer größeren Pfanne das Butterschmalz erhitzen. Den Teig hineingeben, darauf die Rosinen verteilen, zudecken und auf einer Seite goldgelb backen. Wenden, mit einer Gabel in Stücke teilen und unter weiterem Umrühren fertigbacken. Mit reichlich Staubzucker bestreut heiß servieren.

Tipp:
Der Kaiserschmarrn sollte kurz vor dem Servieren gut „g'staubt" - d. h. mit Staub (Puder)-Zucker bestreut werden. Zum Schmarrn reichen Sie am besten „Granten" (Preiselbeeren), Apfelmus oder ein Kompott. Sie können ihn sowohl als Hauptgericht, als auch in kleineren Portionen als Nachspeise servieren.

„Mohr im Hemd“

einfach 1:30 Std 6 Pers

- 75 g weiche Butter
- 90 g Zucker
- 4 Eidotter (Eigelb)
- 4 Eiklar (Eiweiß)
- 1 TL Zitronensaft
- 80 g geschmolzene Zartbitterschokolade
- 1 1/2 Semmeln (Brötchen), abgerieben, in Milch eingeweicht, ausgedrückt und durchpassiert
- 60 g gemahlene Mandeln
- 50 g Semmelbrösel
- weiche Butter und Semmelbrösel für die Form
- 200 ml Schlagrahm (süße Sahne)
- 2 EL Zucker

Die Butter mit 60 g Zucker und den Eidottern sehr schaumig rühren. Weiche Schokolade, vorbereitete Semmeln, gemahlene Mandeln, sowie Semmelbrösel dazugeben, und alle Zutaten gut verrühren. Die Eiklar halbsteif schlagen, den restlichen Zucker einrieseln lassen und einige Tropfen Zitronensaft dazugeben. Weiter schlagen, bis die Masse sehr steif ist. Vorsichtig unter die Eidottermischung heben.

Eine hitzebeständige Puddingform (Wasserbadform) mit Butter einfetten und mit Semmelbröseln ausstreuen. Die Teigmasse einfüllen, die Form verschließen und im siedenden Wasserbad für 1 Stunde kochen lassen. Kurz abdampfen, dann stürzen.

Mit gesüßtem, geschlagenem Rahm servieren.

Tipp:
Sollten Sie keine spezielle Form besitzen so können Sie auch eine Gugelhupfform aus Metall oder hitzebeständigem Porzellan einsetzen. Die Teigmasse wird in die gefettete und gebröselte Form gegeben In die tiefe Bratpfanne (Backrohr) gibt man ca. 1 1/2 l heißes Wasser, setzt die Form hinein und deckt sie mit einem großen Porzellanteller ab. Nun kann der Teig darin in etwa 1 1/2 Stunden gar werden

Saftige Apfelknödel

einfach 1:45 Std 4 Pers

Die Äpfel schälen, vierteln, vom Kerngehäuse befreien und sehr klein-würfelig schneiden oder grob raspeln. Mit Salz, Ei und gesiebtem Mehl gut vermischen. Solange kneten, bis ein gut formbarer Teig entsteht. Diesen mindestens 1 Stunde lang rasten lassen.

Reichlich Salzwasser erhitzen. Aus der Teigmasse mit nassen Händen Knödel formen, diese in das heiße Wasser einlegen, die Kochstelle herunterschalten und die Apfelknödel in 10-15 Minuten – je nach Größe garziehen lassen. Gut abseihen.

Butter schmelzen, mit Zucker und Zimt verrühren. Die Apfelknödel damit überziehen und sofort servieren.

- 4 Äpfel (ca. 500 g)
- 1/4 TL Satz
- 1 Ei
- ca. 150 g Mehl
- Satzwasser zum Kochen
- 60 g Butter
- 60 g Zucker
- 1 TL Zimt

Krapferl mit Eiscreme und Schlag

mittel 1:00 Std 6 Pers

Teig:

- 1/4 l Wasser
- 1 Prise Salz
- 60 g weiche Butter
- 160 g gesiebtes Mehl
- 4 Eier

Füllung:

- 200 g frische Erdbeeren nach Belieben
- 1/8 l Schlagobers (Sahne)
- 1-2 EL Zucker
- 250 ml Erdbeer-Eis
- 2 EL Rum
- Staub(Puder)-Zucker zum Bestreuen

Das Wasser in einem hohen Topf zusammen mit Fett sowie Salz zum Kochen bringen. Von der Kochstelle nehmen, dann das gesiebte Mehl auf einmal zugeben und mit einem Holzlöffel glattrühren. Den Topf zurück auf die Kochstelle geben und unter starkem Rühren so lange „abbrennen", bis sich ein Knödel bildet und am Topfboden eine weiße Schicht sichtbar wird.

Den Topf von der Kochstelle nehmen, den Teig in eine Rührschüssel geben, mit dem Elektroquirl mit Schlägern etwas auflockern, leicht auskühlen lassen und anschließend die Eier einzeln - eines nach dem anderen - unter den Teig rühren und gut in die Masse einarbeiten.

Das Backrohr rechtzeitig auf 200-220 °C vorheizen.

Den Teig in einen Spritzbeutel mit Sterntülle füllen und Rosetten auf ein gefettetes und mit Mehl bestreutes Backblech spritzen.

Die Krapferl in ca. 25-30 Minuten goldgelb backen dabei in den ersten 10-15 Minuten die Backrohrtür keinesfalls öffnen, damit der Dampf nicht entweichen kann. Er ist für das Aufgehen des Gebäcks wichtig.

Das Gebäck vorsichtig vom Blech nehmen, noch warm mit einer Küchenschere oder mit einem scharfen Messer quer durchschneiden, dann vollständig auskühlen lassen.

Die Früchte putzen, waschen, in kleine Stücke schneiden , mit 1 Esslöffel Zucker bestreuen und mit Rum beträufeln, umrühren. Schlagobers mit Zucker steif schlagen und in einen Spritzbeutel mit Sterntülle füllen.

Die Erdbeeren auf die unteren Krapfenhälften verteilen. Mit einem tiefen Löffel Eisballen abziehen und mit einer Schlagobersrosette garnieren. Den oberen Teil der Krapferl aufsetzen, mit reichlich Staubzucker bestreuen, dann die Köstlichkeit servieren.

Im Kaffeehaus

Interessant für Sie :
Die Krapferl werden aus einem sogenannten „Brandteig" hergestellt, wobei der angerührte Teig im heißen Topf gut „abgebrannt" wird. Dieser Teig eignet sich auch für Profiteroles, die der Kaiser ebenfalls sehr liebte. Dann werden die gebackenen Krapferl mit süßem Schlagrahm oder Vanillecreme gefüllt und mit reichlich dunkler, flüssiger Schokolade überzogen.

Köstliche Marillenknödel

mittel 1:15 Std 4 Pers

Teig:

- 400-450 g mehlige Erdapfel (Kartoffeln), vorgekocht
- 1 Prise Salz
- 125 g Mehl
- 30 g feiner Grieß
- abgeriebene Schale einer unbehandelten Zitrone
- 30 g Butter
- 2 Eidotter

Füllung:

- 500 g Marillen (Aprikosen)
- 5-6 Stück Würfelzucker
- Salzwasser
- 100 g Butter
- ca. 125 g Semmelbrösel
- Zucker zum Bestreuen

Für den Knödelteig die Erdäpfel heiß schälen und durch eine Kartoffelpresse drücken. In eine Rührschüssel geben, Salz, Mehl, Grieß, weiche Butter und Eidotter hinzufügen und zu einem glatten Teig verarbeiten, dann ca. 30 Minuten rasten lassen.

Die Marillen waschen und die Kerne herausdrücken. Halbierte Zuckerwürfel hineingeben. Den Teig zu einer ca. 5 cm dicken Rolle formen und in 30-40 g schwere

Stücke teilen. Diese etwas flach drücken und die Marillen damit umhüllen, zusammendrücken und nachformen.

2 Liter leicht gesalzenes Wasser erhitzen, die Knödel hineingeben, kurz aufkochen, dann herunterschalten und in 8-10 Minuten garen.

Inzwischen Butter und Semmelbrösel anrösten. Die Marillenknödel gut abtropfen lassen, in den Butterbröseln wälzen und mit Zucker bestreut sofort servieren.

Interessant für Sie:
Die Marillenknödel sind eine besondere Spezialität aus der Wachau in Niederösterreich. Alljährlich feiert man dort, und zwar in Krems an der Donau, das Marillenfest. Während der k.k. Monarchie wurde die köstliche Frucht allerdings vorwiegend in Ungarn angebaut und von dort aus im ganzen Königreich verbreitet. Nicht nur die frischen Früchte sind begehrt, auch Schnaps, Marmelade oder Essig lassen sich aus Marillen gut gewinnen. Für die Knödel ist es wichtig, nur vollreife Früchte zu verwenden.

Mohn-Nussnudeln

● mittel ◷ 1:45 Std ● 6 Pers

Teig:

- 400 g mehlige Erdäpfel (Kartoffeln), vorgekocht
- Salz
- 125 g Mehl
- 30 g feiner Grieß
- 30 g weiche Butter
- 2 Eidotter (Eigelb)
- abgeriebene Schale 1/2 unbehandelten Zitrone

Außerdem:

- 75 g Butter
- 100 g gemahlener Mohn
- 50 g geriebene Haselnüsse
- 4-5 EL Staub(Puder)-Zucker

Tipp:
Zu Mohn-Nussnudeln passt ein „Weichsel" (Sauerkirsch)-Kompott. 150 g entsteinte Weichseln mit 75 g feinstem Zucker in der Pfanne karamellisieren, mit 1/4 l Rotwein ablöschen, Vanillemark oder Zimt zugeben und einkochen. Mit etwas glattgerührtem Stärkemehl abbinden.

Die vorgekochten Erdäpfel noch heiß schälen und durch eine Presse drücken, dann vollständig erkalten lassen.

In eine Rührschüssel geben, Salz, Mehl, Grieß, Butter und abgeriebene Zitronenschale dazugeben und mit Hilfe des Elektroquirls mit Knetern zu einem geschmeidigen Teig verarbeiten. Diesen etwa 30 Minuten lang rasten lassen.

Den Teig zu einer dicken Rolle formen und davon ca. 2 cm dicke Stücke abschneiden. Diese zu fingerlangen Nudeln formen.

Reichlich gesalzenes Wasser erhitzen, die Nudeln hinein geben, die Kochstelle herunterschalten und die Nudeln in ca. 8-10 Minuten gar ziehen lassen.

In einer Pfanne die Butter erhitzen, Mohn und geriebene Nüsse hineinstreuen und gleichmäßig duchrösten.

Die Nudeln mit Hilfe einer Schaumkelle aus dem Wasser heben, abtropfen lassen, in der Mohnbutter wälzen und mit reichlich Staubzucker bestreut servieren.

Apfel-Nocken

einfach 0:40 Std 4 Pers

Die Äpfel waschen, trocken reiben, schä-
en, vierteln, das Kerngehäuse heraus-
schneiden, dann grob raspeln. Sofort mit
Zitronensaft sowie Zimt verrühren. Mehl mit
Salz und Zucker mischen, zu den Äpfeln
geben und gleichmäßig untermengen.

Nach und nach die heiße Milch dazugeben
und durchrühren, bis ein weicher Nockerl-
teig entsteht. Etwa 20 Minuten lang rasten
assen.

n einer größeren Pfanne die Butter erhit-
zen, die mit einem Esslöffel ausgestoche-
nen Nocken hinein geben, etwas flach aus-
einander drücken und auf beiden Seiten
goldbraun ausbacken.

Teig:

- 500 g vollreife Äpfel
- 1 EL Zitronensaft
- 1/2 Tl Zimt
- 300 g Mehl
- 1 Prise Salz
- 2-3 El feiner Zucker
- 1/4 - 1/2 l heiße Milch
- 100-150 g Butter

Tipp:
Anstelle der Äpfel kann man für die Nocken auch Moosbeeren (Heidelbeeren) oder vollreife, in Streifen geschnittene Zwetschken einsetzen. Ein Glas frische Milch passt gut dazu.

Interessant für Sie:
Der Kaiser liebte einfache, herzhafte Gerichte. Überlieferungen besagen, dass seine Begleiter während der Jagd oft für ihn schnelle Gerichte über dem Feuer zubereiten mussten. Dazu zählen die Apfel-Nocken, eine nahrhafte, köstliche Mehlspeise, die er gerne zu sich nahm.

Topfen-Knödel mit Pistazien auf Erdbeer-Rhabarbersauce

mittel · 1:15 Std · 4 Pers

Knödelteig:

- 50 g weiche Butter
- 30 g feiner Zucker
- 3 - 4 Eier
- 1 Prise Salz
- 500 g Topfen (Quark), gut abgetropft
- 180 - 200 g Grieß
- 1 Pa Vanillezucker
- abgeriebene Schale 1/2 unbehandelten Zitrone
- 4 EL Weinbeeren (Rosinen)
- 1/2 TL Zimt

Sauce:

- 150 g Erdbeeren
- 150 g Rhabarber
- 30 - 40 g Zucker
- 2 gestr. EL Stärkemehl
- je 1/2 EL Zitronensaft und Weinbrand
- 2 EL gehackte Pistazien
- Zitronenmelisse als Garnitur

Butter, Zucker und Eier in eine Rührschüssel geben und sehr schaumig aufschlagen. Salz, Topfen, Grieß, Rosinen, Zimt, Vanillezucker sowie Zitronenschale zugeben und alles gut durchmischen. Dazu am besten den Elektroquirl einsetzen. Anschließend den Topfen-Teig ca. 30 Minuten lang rasten lassen. Wasser, mit etwas Salz versetzt zum Kochen bringen. Von Hand aus dem Teig kleine Knödel formen, in das heiße Wasser einlegen, einmal kurz aufkochen, dann bei halboffenem Deckel ca. 12 Minuten ziehen lassen. Mit der Schaumkelle herausheben und zum Abtropfen auf Küchenpapier geben.

Für die Sauce Erdbeeren und Rhabarber putzen, waschen, den Rhabarber in Stücke und die Hälfte der Erdbeeren halbieren. Die übrigen Beeren pürieren, mit Wasser auf 1/4 Liter auffüllen, Zucker und Rhabarberstücke dazugeben, in einen mittleren Topf füllen und weich kochen. In wenig Wasser glattgerührtes Stärkemehl dazugeben nochmals aufkochen und eindicken lassen Den Topf beiseite stellen, die restlichen Erdbeeren zugeben und die Sauce mit Zitronensaft sowie Weinbrand abschmecken

Abgekühlt auf Teller verteilen, die Knödel darauf geben, mit gehackten Pistazien bestreuen und mit Zitronenmelisse garnieren

Knusprige Weinbeer-Krapfen

mittel 0:45 Std 4 Pers

Teig:

- 75 g Butterschmalz, lauwarm zerlassen
- 500 g Mehl
- 30 g Germ (Hefe)
- knapp 1/4 l Milch
- 100 g feiner Zucker
- 1 Prise Salz
- 2 Eier
- 150 g Weinbeeren (Rosinen)

Den Germteig – wie im Rezept für Milchbrot beschrieben – zubereiten und ca. 30 Minuten zugedeckt an einem warmen Ort gehen lassen.

Reichlich Butterschmalz in einem weiten Topf oder einer tiefen Pfanne erhitzen.

Von der Germteig-Masse mit einem Esslöffel kleine Krapfen abstechen, in das heiße Fett geben und rundum goldbraun ausbacken. Dabei mehrmals im Fett wenden.

Die fertig gebackenen Krapfen mit einer Schaumkelle herausheben und auf Küchenpapier abtropfen lassen.

Noch warm mit Zimt-Zucker betreuen, frisch servieren.

Außerdem:

- ca. 750 g Butterschmalz zum Ausbacken
- Zucker und Zimt zum Bestreuen

Kaiser-Gugelhupf

mittel · 1:30 Std · 8 Pers

Teig:

- 400 g Mehl
- 100 g gemahlene Mandeln
- 35 Germ (Hefe)
- 1/8 l lauwarme Milch
- 150 g Zucker
- 150 g Butter
- 5 Eier
- 1 Prise Salz
- 1/8 l Schlagobers (süße Sahne)
- 80 g Weinbeeren (Rosinen)
- 4 EL Rum
- abgeriebene Schale 1 unbehandelten Zitrone
- Staub(Puder)-Zucker
- Butter und Semmelbrösel für die Form

Interessant für Sie:
Der Guglhupf – eine der liebsten Mehlspeisen des Kaisers Franz. Am meisten geschätzt hat er jedoch den Guglhupf seiner „Seelenfreundin" Katharina Schratt.

Das gesiebte Mehl zusammen mit den Mandeln in eine Rührschüssel geben und gut durchmischen. In die Mitte eine Vertiefung eindrücken. Den Germ hineinbröckeln und mit lauwarmer Milch sowie etwas Zucker verrühren. Zugedeckt an einem warmen Ort ca. 15 Minuten gehen lassen.

Das Backrohr auf 180-200 °C vorheizen. Die Butter zerlassen und mit dem restlichen Zucker, den Eiern, dem Salz und dem Obers sehr schaumig rühren. Hierzu am besten den Elektroquirl einsetzen.

Weinbeeren, Rum und abgeriebene Zitronenschale hinzufügen. Diese Mischung zum Germteig geben und alle Zutaten zu einem geschmeidigen Teig verarbeiten.

Dabei sollte er Blasen werfen und sich leicht vom Schüsselrand lösen.

Die Form einfetten, gleichmäßig mit Semmelbröseln ausstreuen und den Teig einfüllen. In den heißen Backofen geben und in ca. 45 - 60 Minuten backen.

In der Form etwas abkühlen lassen, dann auf eine Kuchengitter stürzen und mit reichlich Staubzucker bestreut frisch servieren.

Vielleicht war dies der Grund, warum diese Mehlspeis so berühmt wurde. Überliefert ist, dass sie ihn oft seiner Majestät bei seinen regelmäßigen Besuchen in ihrer Villa Felicitas in Ischl servierte. Sicher dürfte sein, dass auch die Zuneigung des Kaisers zu der umschwärmten Schauspielerin seine „süße Vorliebe" beeinflusst hat.

Villa Schratt, Bad Ischl

Salzburger Zibebenkuchen

einfach 1:30 Std 6 Pers

Teig:

- 150 g Zibeben (große Rosinen)
- 5-6 EL Rum
- 100 g weiche Butter
- 100 g feinster Zucker
- 1 Pa Vanillezucker
- 5 Eidotter (Eigelb)
- 100 g gemahlene Haselnüsse
- 1 Prise Salz
- ca. 6 EL Milch
- 250 g Mehl
- 1/2 Pa Backpulver
- 100 g geraspelte Schokolade
- 1 TL Kakao, etwas Zimt
- 5 Eiklar (Eiweiß)
- 100 g feinster Zucker
- Butter und Semmelbrösel für die Form
- Staub (Puder)-Zucker zum Bestreuen

Bild rechts:
Kuchen links im Bild.

Die Zibeben waschen, abtropfen lassen, in eine Schüssel geben , mit Rum beträufeln. Zugedeckt 2-3 Stunden lang durchziehen lassen.

Eine Torten- oder Kranzform (26 cm) einfetten und mit Semmelbröseln ausstreuen. Das Backrohr auf 170-190 °C vorheizen.

Nacheinander Butter mit Zucker, Vanillezucker, Salz und Eidottern sehr schaumig rühren. Gemahlene Haselnüsse und Milch zufügen. Mehl mit Backpulver mischen, darüber sieben und gleichmäßig unterrühren. Geraspelte Schokolade und Kakao sowie etwas Zimt hinzugeben. Alle Zutaten gleichmäßig verrühren. Zuletzt die abgetropften Zibeben unterheben.

Eiklar halbsteif schlagen, den Zucker nach und nach einrieseln lassen und weiter schlagen, bis die Masse sehr fest ist. 3 Esslöffel davon unter den Teig rühren, den Rest gleichmäßig unterziehen.

Die Masse sofort in die vorbereitete Form füllen und glatt streichen.

In 50-60 Minuten backen, in der Form ausdampfen lassen, stürzen und abgekühlt mit Staubzucker bestreuen.

Mohn-„Kugelhupf" (Gugelhupf)

einfach 1:30 Std 6 Pers

Eine Gugelhupfform einfetten und mit Semmelbröseln ausstreuen.

Das Backrohr auf 170-190 °C vorheizen.

Nacheinander Butter mit Zucker, Salz, Vanillezucker und Eiern sehr schaumig schlagen. Die restlichen Zutaten dazugeben und gleichmäßig unterrühren. Den Teig in die vorbereitete Form füllen und in 60 - 70 Minuten backen.

In der Form kurz ausdampfen lassen, stürzen und abgekühlt mit Staubzucker bestreuen.

Teig:

- 250 g weiche Butter
- 200 g feinster Zucker
- 1 Prise Salz
- 1 Pa Vanillezucker
- 4 Eier
- 350 g Mehl
- 100 g Stärkemehl
- Pa Backpulver
- 3-4 EL Rum
- ca. 1/8 l Milch
- 50 g gemahlene Mandeln
- 150 g gemahlener Mohn
- Butter und Semmelbrösel für die Form
- Staub (Puder)-Zucker zum Bestreuen

Bild oben:
Kuchen rechts im Bild.

Interessant für Sie:
Auch so wurde am Hofe der „Kugel- oder Gugelhupf" serviert: in kleinen Formen, so dass jeder seinen eigenen bekam.

„Gateau de sable“

einfach · 1:45 Std · 8 Pers

Sandkuchen:

- 250 g weiche Butter
- 250 g feinster Zucker
- 1 Pa Vanillezucker
- 1 Prise Salz
- 4 Eidotter (Eigelb)
- 150 g Mehl
- 150 g Stärkemehl
- 1 gestr. TL Backpulver
- etwas abgeriebene Schale einer unbehandelten Zitrone
- 1-2 EL Rum
- 4 Eiklar (Eiweiß)
- 2 TL Zitronensaft
- Butter und Semmelbrösel für die Form

Interessant für Sie: Damit der Kuchen besonders „sandig“ gelingt, ist es wichtig, dass Butter, Zucker, Salz und Eidotter bis zu 10 Minuten lang mit dem Elektroquirl oder der Küchenmaschine zu einer sehr cremigen Masse verrührt werden.

Weiche Butter mit Zucker, Vanillezucker, Salz und Eidotter sehr schaumig rühren. Hierzu am besten den Elektroquirl einsetzen.

Gesiebtes Mehl, Stärkemehl, Backpulver und abgeriebene Zitronenschale dazugeben. Den Rum darüber träufeln und alles gut verrühren.

Mit Zitronensaft steif geschlagenes Eiklar unterheben und die Masse in eine gefettete, mit Semmelbröseln ausgestreute Kastenform (Länge ca. 30 cm) füllen.

Im vorgeheizten Backrohr bei 160-180 °C in 60-70 Minuten backen. Nach 20 Minuten die Teigoberfläche längs mit einem spitzen Messer einritzen, damit einer schöner Aufriß entsteht.

ÖTSCHER, MARIA

Fürstliche Gold- und Silber-Torte

mittel · 1:30 Std · 6 Pers

Teig 1:

- 75 g Butterschmalz
- 1 Prise Salz
- 5 Eidotter (Eigelb)
- 150 g feiner Zucker
- abgeriebene Schale 1 unbehandelten Zitrone
- 1 Pa Backpulver
- 350 g Mehl
- 4-5 EL Milch

Teig 2:

- 75 g Butterschmalz
- 1 Prise Salz
- 5 Eiklar (Eiweiß)
- 150 g feiner Zucker
- 1 Pa Vanillezucker
- 1 Pa Backpulver
- 350 g Mehl
- 4-5 EL Milch

Füllung:

- 400 g Marillen (Aprikosen)-Konfitüre

Garnitur:

- 200 g Staub(Puder)-Zucker
- 1 EL weißer Rum
- 1-2 EL heißes Wasser
- 40 g gehackte Pistazien
- Butterschmalz für die Formen

Das Backrohr auf 180 - 200 ° C vorheizen. Zwei Springformen (26 cm) gut mit Butterschmalz einfetten.

Für den ersten Teig das Butterschmalz mit Salz, Eidottern, Zucker und abgeriebener Zitronenschale sehr cremig rühren. Hierzu am besten den Elektroquirl oder die Küchenmaschine einsetzen. Das Backpulver mit dem Mehl mischen. Abwechselnd, zusammen mit der Milch nach und nach unter die Eidottermasse rühren.

Den Teig in die vorbereitete Springform füllen und ca. 20-30 Minuten im unteren Drittel des Backrohres abbacken.

In der Zwischenzeit den zweiten Teig zubereiten. Hierzu das Butterschmalz zerlassen und abkühlen. Die Eiweiße mit einer Prise Salz steif schlagen, Zucker mit Vanillezucker unter weiterem Schlagen einrieseln lassen.

Das Butterschmalz sowie das mit Backpulver gemischte Mehl und die Milch unterrühren.

Den Teig in die vorbereitete Form füllen, glattstreichen und bei gleicher Einstellung sowie Zeit wie die erste Torte backen.

Die Torten auf einem Kuchengitter auskühlen lassen. Jede Torte einmal waagerecht durchschneiden. Die Konfitüre leicht

erwärmen. Alle vier Tortenplatten damit bestreichen und abwechselnd „Gold“ und „Silber“ zusammensetzen.

Für die Glasur den Staubzucker mit Rum sowie Wasser dick cremig anrühren, über die Tortenoberseite verteilen, auf der Oberfläche sowie am Rand gleichmäßig verstreichen. Mit den gehackten Pistazien bestreuen. Vor dem Servieren 3 – 4 Stunden lang durchziehen lassen.

Tipp:
Durch vorsichtiges Schmelzen und Entfernen des geronnenen Eiweißes entsteht reines Butterfett, das But-terschmalz. Sein intensiver Geschmack ist sehr geschätzt. Bei der Teigzubereitung darf das Butterschmalz nicht zu kalt sein und sollte daher besser bei Raumtemperatur verwendet werden. So lässt es sich gut mit anderen Zutaten verrühren.

Feine Desserttorte mit Eiscreme

schwer 2:00 Std 4 Pers

Eis:

- 2 Eidotter (Eigelb)
- 2 EL flüssiger Honig
- 2 El Wasser
- 1 TL Zimtpulver
- 200 g Schlagobers (Süße Sahne)
- 1 El feiner Zucker

Torte:

- 2 Eier, getrennt
- 1 Prise Salz
- 40 g feiner Zucker
- 2 EL lauwarmes Wasser
- 60 g gesiebtes Mehl
- 70 g zerlassene Butter oder Butterschmalz
- Butter für die Form
- 100 g Zartbitter-Konfitüre
- 80 g Schlagobers (Süße Sahne)
- 1 1/2 El löslicher Kaffee
- 2-3 EL Kaffee-Likör

Außerdem:

- 200 g frische Himbeeren
- Staub(Puder)-Zucker
- 4 Stängel frische Minze

Zunächst das Eis zubereiten. Hierzu Eidotter, mit Honig, Wasser sowie Zimt über einem warmen Wasserbad dickschaumig aufschlagen. Dafür am besten einen großen Schneebesen einsetzen. Die Schüssel auf Eiswürfel stellen und die Creme weiterschlagen.

Den Schlagobers in einer separaten Rührschüssel halbsteif aufschlagen, den Zucker einrieseln lassen, dann weiterrühren. Unter die Creme heben. Diese nun in eine geeignete Form füllen und mindestens 5 Stunden im Eisfach gefrieren lassen.

Für die Torte Eidotter, Salz, Zucker und Wasser zu einer dicklichen Creme verrühren. Die Eiklar steif schlagen, auf die Eidottercreme setzen, das Mehl darüber stäuben, dann alles vorsichtig mischen und 30 g zerlassene Butter oder Butterschmalz mit einrühren.

In eine nur am Boden gefettete Springform (ca. 18 cm) füllen und im auf 180-200 °C vorgeheizten Backofen in ca. 15 – 20 Minuten backen, dann auskühlen lassen und durchschneiden.

Dies restliche Fettmenge cremig rühren. Die Kuvertüre hacken, mit Schlagobers, Kaffee sowie Kaffeelikör in einem kleinen

Topf schmelzen. Abkühlen lassen, dann die Eiercreme unterziehen.

Die Café-Creme zwischen die beiden Tortenböden streichen und mindestens 2 Stunden lang durchziehen lassen.

Zum Servieren in 8 Tortenstücken schneiden. Mindestens 2 Stücke dekorativ auf einem Teller anrichten, mit Staubzucker bestreuen, mit Beeren sowie Minze garnieren und zuletzt eine Kugel Eis dazugeben.

Tipp:
Das Fett sollte bei der Teigzubereitung nicht zu kalt sein. Besser ist, es mit Raumtemperatur zu verwenden.

„Chokoladen"-Gebäck Pariser Art

schwer 1:45 Std 6 Pers

Teig:

- 150 g weiches Butterschmalz
- 150 g brauner Zucker
- 2 Pa Bourbon-Vanillezucker
- 1 - 2 TL Zimt
- 1 Prise Salz
- 3 Eier
- 125 g Mehl
- 100 g gem. Mandeln oder Haselnüsse
- 2 TL Backpulver
- 4 - 5 EL Milch

Außerdem:

- 150 g Himbeer-Konfitüre
- 200 g Marzipan-Rohmasse
- 300 g Halbbitter-Kuvertüre
- 75 g weiße Kuvertüre

Das weiche Butterschmalz, Zucker, Vanillezucker, Zimt und Salz miteinander verrühren. Die Eier nach und nach dazugeben Weiterrühren, bis der Zucker gelöst ist Mehl, gemahlene Mandeln oder Haselnüsse und Backpulver mischen. Zusammen mit der Milch unter die Butterschmalzmasse heben.

Den Backofen rechtzeitig auf 180 - 200°C vorheizen.

Den Teig auf ein gefettetes, mit Mehl ausgestreutes oder mit Backpapier ausgeegtes Backblech streichen und auf einer mittleren Einschubhöhe in ca 25 – 30 Minuten backen, dann abkühlen lassen.

Die Konfitüre erwärmen. Die Kuchenplatte halbieren und eine Hälfte mit der Konfitüre bestreichen. Das Marzipan zwischen zwei aufgeschnittenen Gefrierbeuteln auf die Größe der halben Kuchenplatte ausrollen. Das Marzipan auf die bestrichene Platte egen und mit der restlichen Konfitüre überziehen.

Die zweite Kuchenplatte auflegen und daraus dann mit einem sehr scharfen Messer Rechtecke von ca. 4 x 5 cm Größe schneiden.

Die halbbittere sowie die weiße Schokolade getrennt im Wasserbad schmelzen. Die Kuchenstückchen mit einer großen Gabel oder besser einer Pralinengabel halten, mit dunkler Kuvertüre überziehen, dann auf einem Kuchengitter trocknen assen.

Die weiße Kuvertüre in einen kleinen Gefrierbeutel füllen, die äußere Spitze ganz knapp abschneiden, dann die Kuchenstückchen mit der weißen Kuvertüre dekorativ garnieren.

Interessant für Sie:
Sissi, die Gemahlin des Kaisers, liebte besonders Speisen mit viel guter „Chokolade“. Keine Rücksicht auf ihre Figur nahm sie, wenn ihre Lieblingssüßigkeiten wie Eis oder Kuchen serviert wurden. Vor allem Gutes aus „Chokolade“ mochte sie nur zu gerne. Manche Zutaten lieferte man eigens für ihren Bedarf an den Hof. Gelegentlich wurde dann auch ein Gläschen „tokaji“ (Tokajer), ein süßer Likörwein aus Ungarn, zur Süßspeise serviert.

Montego-Roulade

mittel · 1:00 Std · 6 Pers

Biskuitrolle:

Teig:

- Eier
- 4-6 El heißes Wasser
- 150 feinster Zucker
- 1 Pa Vanillezucker
- 100 g Mehl
- 30 - 40 g Kakaopulver
- 50 g Stärkemehl
- 1 gestr. TL Backpulver

Füllung:

- 500 ml Schlagobers (süße Sahne)
- 50 - 70 g feinster Zucker
- 1 Pa Vanillezucker
- 250 g Pfirsiche oder Marillen (Aprikosen) in Stückchen

Außerdem:

- 300 g Bitter-Kuvertüre
- 75 g weiße Kuvertüre

Das Backrohr auf 200-220 °C vorheizen

Die Eier zusammen mit dem warmer Wasser in eine Schüssel geben und sehı schaumig rühren. Hierzu am besten der Elektroquirl oder die die Küchenmaschine einsetzen. Bei höchster Einstellung de Zucker und Vanillezucker einrieseln lassen So lange rühren, bis die Masse cremig sowie glänzend ist. Das Mehl mit Kakao-pulver, Stärkemehl und Backpulver mi-schen. Auf die Masse sieben und kur unterheben.

Den Teig auf ein mit Backpapier ausge-legtes Backblech sehr gleichmäßig ver-streichen, ins heiße Backrohr geben unc in 15-20 Minuten backen.

Die Biskuitplatte nach dem Backen auf eir mit Zucker bestreutes Küchentuch stürzen das anhaftende Backpapier sofort mi Wasser bestreichen und vorsichtig abzie-hen. Die Platte mit dem Küchentuch auf-rollen und ausdampfen lassen.

Für die Füllung den Schlagobers mit Zucke und Vanillezucker aufschlagen. Die Pfirsich- oder Marillenstückchen unterziehen.

Die bittere sowie die weiße Schokolade getrennt im Wasserbad schmelzen.

Die ausgekühlte Roulade mit der Schlagmasse bestreichen, aufrollen und auf ein Kuchengitter legen. Zunächst mit der dunklen Kuvertüre überziehen, dann die weiße Kuvertüre in einen kleinen Gefrierbeutel füllen, die äußere Spitze ganz knapp abschneiden, dann die Oberseite noch mit der weißen Kuvertüre dekorativ garnieren.

Tipp:
Um die Kuvertüre zu schmelzen gibt man etwa drei Viertel der zerkleinerten Schoko-lade in eine Schale, setzt diese über ein Wasserbad und lässt die Mischung unter gelegentlichem Rühren bei etwa 40 °C schmelzen, bis alle Stücke aufgelöst sind.

Topfen-Palatschinken Alt-Wiener Art

mittel 1:30 Std 4 Pers

Teig:

- 250 g Mehl
- 4 Eier
- 3/8 Milch
- 1/4 TL Salz
- 60 g Butterschmalz zum Ausbacken

Füllung:

- 40 g weiche Butter
- 80 g feinster Zucker
- 3 Eier, getrennt
- 300 g Topfen (Quark)
- 1 EL Vanillezucker
- 1 Prise Salz
- abgeriebene Schale 1/2 unbehandelten Zitrone
- 1 EL Zitronensaft
- 50 g Weinbeeren (Rosinen)
- 40 g Staubzucker (Puderzucker) zum Bestreuen

Für die Palatschinken Mehl mit Eiern, Milch und Salz zu einem glatten Teig verrühren. Hierzu am besten den Elektroquirl einsetzen. Mindestens 30 Minuten zum Ausquellen rasten lassen.

Für die Füllung Butter, Zucker und Eidotter (Eigelb) schaumig rühren. Abgetropften Topfen Vanillezucker, Salz, Zitronenschale sowie -saft daruntermischen. Eiklar (Eiweiß) steif schlagen und unterziehen. Zuletzt die gewaschenen, gut abgetupften Rosinen hinzugeben.

n einer mittelgroßen Pfanne das Butterschmalz erhitzen. Etwa 1/8 des Teiges mit Hilfe eines Schopflöffels hinein geben, die Pfanne leicht schwenken, damit der Boden mit Teig bedeckt ist. Insgesamt 8 Palaschinken (dünne Pfannkuchen) bei schwacher Hitze beidseitg goldgelb backen.

Nun die Palatschinken mit der Topfenmasse bestreichen, aufrollen und mit reichlich Staubzucker betreut servieren.

Interessant für Sie:
Der Topfen-Palatschinken (gefüllter Pfannkuchen) gehört seit dem 19.Jahrhundert zu den Standardgerichten der Wiener Küche und wurde dem Kaiser daher sehr gerne serviert. Die Herkunft ist zudem interessant: aus Rumänien kommend, dort „placinta“ = flacher Fladen genannt, machten die Ungarn daraus ,,palacinta“. Die Wiener übernahmen diesen Begriff und nannten die Mehlspeise fortan „Palatschinken“.

Chokoladen-Cremetorte

mittel 2:30 Std 8 Pers

Teig:

- 250 g weiche Butter
- 250 g feinster Zucker
- 1 Pa Vanillezucker
- 1 Prise Salz
- 4 Eier, getrennt
- 200 g Mehl
- 50 g Stärkemehl
- 1 Tl Backpulver

Creme:

- 150 ml Schlagobers (süße Sahne)
- 1 Prise Salz
- 250 g Zartbitter-

Schokolade

- 250 g Butter
- 200 g Staub(Puder)-Zucker
- reichlich dunkles Kakaopulver zum Bestäuben

Butter, Zucker, Vanillezucker sowie Salz in eine Rührschüssel geben und mit dem Elektroquirl oder der Küchenmaschine sehr schaumig rühren. Die Eidotter zugeben und unterrühren.

In einer separaten Schüssel die Eiklar steif schlagen, dann unter die Eiercreme heben. Mehl mit Stärkemehl sowie Backpulver mischen und darüber streuen. Alles locker durchmischen.

Das Backrohr auf 170-190 °C vorheizen.

Den Teig in 4 Portionen aufteilen. Jede Portion in einer gefetteten Springform (Ø 26 cm) in etwa 15 - 20 Minuten goldbraun abbacken. Die Teigböden einzeln auskühlen lassen.

Für die Creme den Schlagobers mit Salz erwärmen, darin die Schokolade auflösen danach den Topf in Eiswasser stellen und unter beständigem Rühren abkühlen lassen.

Butter mit gesiebtem Staubzucker schaumig rühren und die Schokoladencreme darunter mischen.

3 Böden dünn mit der Creme bestreichen jedoch einen Teil davon zurück behalten Nun die Böden aufeinander setzen und mit dem 4. Boden abdecken. Obenauf sowie

am Rand die restliche Schokoladencreme dekorativ auftragen.

Im Kühlschrank durchziehen lassen, dann erst mit reichlich gesiebtem Kakaopulver bestreuen.

Böhmischer Striezel

mittel 2:30 Std 6 Pers

Teig:

- 500 g Mehl
- 40 g Germ (Hefe)
- 100 g gfeiner Zucker
- ca. 1/8 l lauwarme Milch
- 60 g weiche Butter
- 1 Prise Salz
- 2 Eidotter (Eigelb)
- abgeriebene Schale 1/2 unbehandelten Zitrone

Füllung:

- ca. 3/8 l Milch
- 100 g feiner Zucker
- 75 g Butter
- 350 g gem. Mohn
- 2 Eier
- 1 Prise Salz
- 2 EL Rum
- 125 g Weinbeeren (Rosinen)
- 60 g geh. Walnüsse
- 60 g gem. Haselnüsse

Zunächst die Mohnfülle vorbereiten. Hierzu 3/8 l Milch aufkochen, von der Kochstelle nehmen, Zucker sowie Mohn zugeben, umrühren, dann von der Kochstelle nehmen und abkühlen lassen.

Für den Germ(Hefe)-Teig das Mehl in eine Rührschüssel sieben. In ca. 15-20 Minuten gehen lassen. Anschließend die übrigen Zutaten und die restliche Milch wie auch den restlichen Zucker zum Teig geben. In der Küchenmaschine oder mit dem Elektroquirl mit Knethaken zu einem geschmeidigen Teig verarbeiten, der sich gut vom Schüsselrand lösen muss. Diesen auf bemehlter Arbeitsfläche ca. 50 x 60 cm groß ausrollen.

Eier, Rum, gewaschene und gut abgetropfte Weinbeeren sowie die Nüsse unter die

Mohnmasse rühren. Diese nun auf dem Germteig verstreichen. Die Platte von der breiten Seite her aufrollen.

Auf ein mit Butter eingefettetes Backblech legen – je nach Größe des Bleches eventuell etwas biegen. Nochmals zugedeckt ca. 15 Minuten gehen lassen.

Das Backrohr auf 170 - 190° C vorheizen.

Die Teigoberfläche mit etwas zerlassener Butter bestreichen, dann die Mohnrolle mit einem scharfen Messer im Abstand von ca. 3 cm leicht einritzen und nun in das Backrohr geben.

Etwa 35-40 Minuten backen, anschließend auf einem Kuchengitter auskühlen lassen. Frisch servieren.

Außerdem:

- Mehl zum Ausrollen
- 1 El Butter für das Backblech

Stichwortverzeichnis

Stichwortverzeichnis

Schloss Schönbrunn

Literaturhinweise

In der nachstehend aufgeführten Literatur bzw. auf diversen Internet-Seiten können Sie Verschiedenes nachlesen :

Hans Etzlsdorfer: Küchenkunst & Tafelkultur, Christian Brandstätter Verlagsgesellschaft m.b.H., Wien

www.hofburg-wien.at
www.sisi-net.de
www.wien-vienna.at

Christian Wagner: Lexikon der Wiener Küche, Verlag Deuticke 1996

Quentin Crewe: Speisen International, Hallwag Verlag Bern, München 1990

Katrin Unterreiner: Kaiser Franz Joseph 1830–1916. Mythos und Wahrheit. Brandstätter Verlagsgesellschaft, Wien

Toni Mörwald/Christoph Wagner: Die süße Küche - Das österreichische Mehlspeisenkochbuch, Niederösterreichisches Pressehaus, St. Pölten - Wien - Linz, 2003.

Brigitte Hamann: Die Habsburger - Ein biographisches Lexikon , Verlag Carl Überreuter, Wien, 1988.

Brigitte Hamann: Elisabeth - Kaiserin wider Willen, Amalthea Verlag, Wien - München, 1981

Gabriele Praschl - Bichler:/Gerd Wolfgang Sievers: Kaiserliche Küche - Die Rezepte der Habsburger, Stocker Verlag, Graz-Stuttgart, 2010

Fritz Lichtenauer: Darüber lacht Oberösterreich - Witze Anekdoten Kurioses, Überreuter Verlag Wien, 2006.

Impressum

Autorin und Verlag danken den unbenstehenden Unternehmen für die umfangreiche und freundliche Bereitstellung des Bildmaterials.

Bildnachweis:
Gusto/Stephan Liewehr: Titelmotiv, Innentitel, 25, 70, 75
Österreich Werbung/Horvath: Rücktitel, 92/93
Österreich Werbung/Trumler: Titelmotiv, 3, 5, 10, 11, 13, 33, 39
Österreich Werbung/Wiesenhofer: 6, 84/85
IMAGNO/Austrian Archives: 9, 14
IMAGNO/Öst. Volkshochschularchiv: 19
Österreich Werbung/Bohnacker: 7
Österreich Werbung/Markowitsch: 8
Österreich Werbung/Bart: 34
Österreich Werbung/Lehmann: 35
Österreich Werbung/Kalmar: 61
Österreich Werbung/Semrad: 63
Stockfood/Foodfotogr.Eising: 21, 47, 48
Archiv U.Calis , München: 27, 31, 50, 52/53, 86
iPR&O, Hamburg: 28/29, 37
Maizena, Heilbronn: 33, 42
CMA/Butterschmalz: 45, 55, 57, 68/69, 77, 78, 80
Konditorei-Cafe Zauner, Bad Ischl: 40 links, 41 oben
OÖ Tourismus: 40 rechts, 41 unten
Langnese-Iglo, Hamburg: 60, 83
Stockfood/Anneliese Kompatscher: 62
Pfanni, Hamburg: 67
ANDREASZ.com, Bad Ischl: 71
Robert Bosch Hausgeräte GmbH, München: 73
Unilever, Hamburg: 88/89

Lektorat: U. Calis, München
Herausgeber: Fritz Petermüller
Produktion: Verlagsbüro Petermüller, Siegsdorf
Design: KUSE.DE Werbeagentur GmbH, Traunstein

A-6063-Rum/Innsbruck (11.01)
Fax 0043 (0) 512/265561-8
kompass@kompass.at
www.kompass.at
Verlagsnummer 1770
ISBN 978-3-85026-420-4

KOMPASS

Küchenschätze

VERSCHIEDENE THEMEN

1749 Almkochbuch, Das kleine
1728 Aufläufe, Gratins, Quiches und Tartes
1724 Backbuch, Das kleine feine
1735 Brotbacken, Das kleine Buch vom
1745 Bärlauch, Knoblauch & Zwiebel
1747 Bayerischen Bier, Das kleine Buch vom
1740 Desserts, Köstliche
1730 Fischkochbuch, Das kleine
1725 Hausmittel, Alte
1723 Heilkräuter für Leib und Seele
1770 Kaiser Franz-Josephs liebste Mehlspeisen
1733 Käsekochbuch, Das kleine
1750 Klosterküche, Das Beste aus der
1720 Knödel
1742 Kürbiskochbuch, Das kleine
1721 Natur-Heilschnäpse, Magenbitter und Liköre
1748 Omas Küchenschätze
1726 Pasta, Pizza und Risotto
1732 Pilzkochbuch, Das kleine
1731 Salatbuch, Das kleine bunte
1744 Schokolade, Das kleine Buch der
1729 Strudel und Blätterteig
1734 Vegetarisch kochen
1722 Weihnachtsbäckerei

ÖSTERREICH

1705 Kärntner Spezialitäten
1771 Österreichisches Bäuerinnen-Kochbuch
1736 Österreichische Kaffeebuch, Das kleine
1710 Österreichische Mehlspeisen
1700 Österreichische Spezialitäten
1702 Österreichische Weihnachtsbäckerei
1704 Salzburger Spezialitäten
1703 Tiroler Spezialitäten
1709 Wiener Spezialitäten

DEUTSCHLAND

1708 Bayerische Schmankerl
1727 Berliner Spezialitäten
1715 Fränkische Spezialitäten
1711 Mecklenburg und Vorpommern, Spezialitäten aus
1712 Schleswig-Holstein und Hamburg, Spezialitäten aus
1714 Schwäbische Spezialitäten
1713 Thüringen, Spezialitäten aus

ITALIEN

1754 Südtiroler Backrezepte
1701 Südtiroler Spezialitäten
1746 Südtiroler Speckbuch, Das kleine

ENGLISCH

1717 Austrian Pastries and Desserts/ Österr. Mehlspeisen
1718 Austrian Specialties/ Österr. Spezialitäten
1743 Dumplings/Knödel
1780 Salzburg specialties/ Salzburger Spezialitäten
1772 Sissis favorite recipes/ Sissis Lieblingsrezepte
1719 Tyrolean Specialties/ Tiroler Spezialitäten
1716 Viennese Specialties/ Wiener Spezialitäten

www.kompass.at